南来北往

东进生 著

文汇出版社

天光云影共徘徊

过往又如何？过往是一种历史的概念而已。话不错。倘若就这样相与谈论过往，实在也是过于呆板了。记得前人赏美，曾有"美人须带一分呆"之说。眼前对象若见出九分媚里有那一分呆，便是十分的生动有趣了。每个人的过往，都不是被任意打扮的美人，总有无数引人入胜的所在，何况过往是一种时空不虚的存在，其中生发的万念与事迹，此刻高处回望，便有了"天光云影共徘徊"的一番滋味和念想了。读罢东进生先生最近刚脱稿的散文集《南来北往》，忽然生出这样的思绪，大抵也算是对他辛勤写下的这些文字的一种响应吧。

东先生这些年来，文学写作颇为勤奋，前几年刚出版一部长篇小说《浮生记》，现在又拿出这部十多万字的散文集子，真可谓当下文学如尘埃滚滚之状间的一突骑也。他本是画家，文学不算当行，然而艺术从来都是相通的，尤其是到了可以静心，可以"寂然凝虑，思接千载"的那一刻，有心情便是好文章，得性情、手段就是一件艺术品的创造。作为艺术家的东进生，其时用他特有的活泼文字构筑起的艺术作品呈现，显然他自己也是很得意的，而读者们倘若读到了这些有意思的过往实录，便也会由衷地感受到半个多世纪来中国社会与人文风情的嬗变，以及近年来作者游历海外异域的体验性叙事记忆。这样的得意与感受，于今日新冠疫情未灭的情势下，尤其珍贵。

每一个人都有自己的"双城记"，内心与外界的冲突，故园与他乡的住留——"双城"的意象是文学永远无法割舍的元叙事。东先生是北京城的世家子弟，二十三岁自电影学院毕业分来上海工作。在这个被世人以"魔都"著称的城市，生活工作已近一甲子了。北人南住，江南的空气是湿润的，江南的文化也容易滋润心田。东先生从对魔都的陌生茫然，到融入其中浸润，几十年来无论言说还是作派，虽然依旧京语为主，但大抵已可称得上是一位"老上海人"了，集子中诸多回忆初到上海时的遭遇，以及后来在这座现代都市里日常生活点滴的篇什，颇有南北文化比较的趣味和意思，彼时上海市民待人的各样情状，在其笔下栩栩如生，读来令人莞尔。对于故园之地的念想与记忆，想来东先生也始终萦怀长系，京华旧闻、求学师长、名家所见的种种，深情笔至，恍然旧时年华的呈现了。这样的过往回顾，味长悠然，亦是今时年轻人所未能历经的，故而当作前代人的生命文化生活史，开卷读来，长见闻、宽视野，想来也是俾有益处的。

东先生是电影美工出身，他的绘画表现受苏俄写实画派影响，创作的油画、水彩风景画极佳，幽美静雅，场景感极强。这样的艺术审美眼光，用到了文学写作上来，仿若锦上添花一般地令人感受到了他的文字的鲜活生动，无论叙事状景，皆在眼前。文句未必要长，但能意味涵泳，便是好句；一篇文章亦然，叙来有真情真意，有数十年来对于生命的思考,便是一篇好文章。这部集子里的文字篇什,大抵皆有如此的质地,值得为东先生欢呼的。

我和东先生之交,是缘于他的第一部长篇小说《浮生记》的出版。彼时,小说责编耀华兄邀我参与出版的编稿,与东先生有了往来,不仅读他的文字,且还有幸欣赏到了他的绘画创作。对于艺术的理解和观念,我们颇有相通之处。东先生虽长我二十岁,文艺名家,他却并未以此为居,遂使我们有了淡水之交的相望。现在他这部即将出版的散文新著,欣然邀我为之序。吾虽文才不逮而强为之,写下些许读稿感受的文字,不知东先生以为然否?勉序之。

朱来扣

2020年6月2日

目录

第一辑

双城拾穗

初登上海滩　3

门前的梧桐树　10

鸽　哨　13

老虎灶和浑堂　19

烟纸店和酱油店　23

京沪的出租车　28

正月十五吃元宵　33

上海的精细与北京的粗线条　35

七十二家房客和大杂院　40

阳澄湖"大闸蟹"　43

大饼油条和油饼　46

说说臭豆腐　48

再说油墩子　52

豆汁儿　55

冰棍儿，败火　60

从小吃说开去　64

大碗茶漫笔　69

闲聊茶饮　74

下乡吃大锅饭　81

下乡趣事　85

一顿饭的记忆　88

青菜情结　95

栀子花与猪肝饭店　98

第二辑

京华忆旧

遥远的太平湖　105

干什么吆喝什么　109

有感于一段文字　112

东单广场忆旧　117

北京的水　120

游一次泳，跑十里地　123

"扬旗"落下来啦　126

下雪的日子　130

北京的油盐店　134

摇煤球与卖黄土　136

没有金刚钻不揽瓷器活　142

天桥的把式，光说不练　144

金鱼池和九天玄女娘娘　148

那年，在广和楼　152

卖油郎轶事　157

打小鼓，收破烂　163

小时候看祭灶　165

爆竹声声　168

"大跃进"之梦　171

吃饭难　176

小人书和连环画　178

摄制组里的"阶级斗争"　180

第三辑

东拉西扯

秋临北海道　187

蓝色卢塞恩　192

春雨樱花鸡鸣寺　194

圣托里尼岛的日落　197

锡耶纳的黄昏　201

罗马的角落　206

罗滕堡的中国游子　211

巴塞罗那和她的建筑师高迪　217

苦禅大师画鹰　223

纪念史蜀君　228

绘画创作联想　232

只需等你陪我坐一会　238

一个奇怪的摄制组　242

书目的联想　246

读书与旅游　250

尊重生命　253

孔雀翎　255

读《美育小札》　258

第一辑

双城
拾穗

初登上海滩

1964年初秋,我们北京艺术院校的几十个毕业生被分配到上海。

北京的一批土老帽,初到十里洋场,犹如刘姥姥进大观园,新奇,忐忑,还有些期待。有人刚踏进上海滩,对话里就植入了"来赛""勿来赛"等洋泾浜的上海话。

当然,人人小心谨慎,唯恐稍不留意就会触雷,荣获白眼。

当时,歌剧《江姐》正在火热上演,街头巷尾,日日夜夜地响着《绣红旗》之歌。还有话剧《霓虹灯下的哨兵》和《长征组歌》也在如火如荼地演出。

我们逛了逛外滩和南京路,并没有看到赵大大式的解放军站岗放哨,霓虹灯也不大闪烁。只觉得国际饭店、大光明电影院、市百一店、华侨饭店、体育大厦等高大建筑扑面而来。

哇,到底是大上海呀。

南京路上的行人与八百年古都的北京人,并没有什么两样,只是穿着光鲜些、"港式"些。

有点"融入"的感觉了,有些得意起来。

可是,跟人问了问路,自得之感,立马烟消云散了。

对于你的问路，有人送你一个白眼，或者旁若无人地走过去，以为你是空气。幸好，后来问到一位西装革履的文化人，那人倒是和和气气地给了答案。

那时候，就在那时候，我想到了美国著名画家安德鲁·怀斯的《克莉斯缇娜的世界》。

路，也是不好随便走的。问路也一样。

语言歧视。

当年在上海滩，操外地口音的，是会受到有些人歧视的。多年以后才明白，越是"下只角"的上海人，越有歧视"外地人"的心理。

一天，几个人兴致勃勃去逛淮海路。登上26路，售票员手持票夹过来，问："买票哦？"

我们一位仁兄答："淮海路，多少钱？"

"淮海路啥格路？"

"淮海路呀。"底气有些不足。

"买哦？淮海路啥格路呀？"

回答不上来。

女售票员有些不耐烦："问侬，淮海路啥格路？"

我们那位同学不知道，两个城市公交车站的命名方法不同。北京的公交车站，王府井站，就是王府井，六部口站就是六部口。在上海，每个站头，都是两条路的交叉点，比如淮海路陕西路，淮海路思南路。

听到售票员追问，他慌了神，环顾四周，无言以对。

售票员见他发呆，越过去，问另一位。对方是正宗上海人，说：

"到底。"

售票员用夹子在窄窄的小票上打个洞，撕下来，交给乘客，交易成功。漂亮的女售票员再转回身："买哦？"

我们那位还算乖巧，喏喏道："到底。"

售票小姐撕了一角三分的小票递给他。

乘了两站，大家下车，只四分钱。

另一次，我们几个人去面馆，吃点心。卖"筹子"的女店员高踞柜台，对排着长队的食客，不紧不慢地卖着筹子。她的背后挂着水牌，上面标明：小馄饨，半两，八分；阳春面，二两，八分；大馄饨一两，一角；锅贴，一两，一角二分。

人们秩序井然地付钱与粮票，买筹子。女店员把购物小票，一份交给顾客，另一份，用个小木夹夹住，放到头顶上的一根铁丝上，微微推送，便到了厨房里面，等候加工。我们几个人第一次看到这样的操作，连连称奇，说，上海人就是聪明。

轮到我们一位，他立在柜台前犹豫不定，只仰着脸看那个水牌。

女店员瞥了他一眼，看他穿着土气，便不动声色，冷冷看着他。

后面的顾客催促着，我们那位有些慌神，匆匆忙忙用普通话说："当，当面点，多少钱？"

女店员终于开启金口："没有。"

"当面点啊，怎么没有？上面明明写着嘛。"他指着水牌上的白粉字，理直气壮地说。

女店员又是金口难开了。

"当……"

后面一位顾客看明白了，用标准的沪语说："看看清爽！"

原来，水牌上赫然写着：粮票钞票，当面点清。

我们那位学友以为"当面点"是没有吃过的东西。"清"字被忽略了。

他荣获一只白眼。

各个城市有各个城市的性格，各自的规矩。所谓入乡随俗，盖因于此。

我们不少国民，到了欧洲，去到域外，不懂规矩，像在自家门口，随心所欲，肆意胡来。到了餐馆，人家默默用餐，低低细语，我们那些大妈大嫂，哇啦哇啦，高谈阔论，难免遭人家的白眼。还"理直气壮"地说人家是种族歧视。

少数上海人，口头上不大承认歧视外地人，骨子里却有着对外来者居高临下的心理。你的衣着不甚光鲜，穿着过时，又不会上海闲话，走在街上要么不开口，不然，不遭一两个白眼，也属不太正常。

改革开放之前，上海人为全国做出巨大贡献。永久牌自行车，上海牌手表，蝴蝶牌缝纫机，都骄傲地标明是上海制造。我的姐夫由北京去上海出差，竟然为同事带几十双上海做的皮鞋。还指名道姓，一定要博步、蓝棠店的产品。

人们对上海货犹如情人。

那时候的上海产品，不亚于今天的爱马仕、LV。上海人为此骄傲过头，就生出居高临下的感觉。

这些人并不晓得，他们的上几代，多数也是外地人。

来上海多年以后，半调子上海话，还是难逃"华盖运"。

一次乘公交车，车就要进站，我站在车门边等候下车。忽然，有人在背后猛推我一把,接着传来嘶哑女声:"卧车哦?(下车吗)"我回头看,是个粗壮的中年女人。

我用普通话回答:"下的。"

女人不乐意了,用力挤开我,抢到前面去。

我让开她,乖乖站在她的后面。显然,她有些不屑,横了几下胖胖的身躯,像是损了她的牙眼。到站,她下了车,我也跟着下了车。不知为什么,她还是觉得与我平等了,内心不爽,终于抛下一句:"乡下人!"这才扬长而去。

同一辆车上的那位女售票员的态度,与那位中年妇女截然相反。当她知道我乘错了车,不仅反复跟我说如何改乘,还教我如何找到最佳路线,为的节省几分钱。

人啊,真是各式各样。

在上海滩,土生土长的上海人,以讲不讲纯正的上海"闲话"来分辨你是否上海人。久居上海的外地佬,即便讲一口流利的上海话,人家也会从语调和用词中听出真伪。

上海人所说的外地人,目光瞄准北方,广东、香港则忽略不计。北方人又大体分北方人和江北人。老早,正宗上海人,尤其歧视江北人。可能,苏北一带早年进入上海滩的,多是逃荒的农民,他们来到上海,大多从事低端劳动,被"有钞票的上海人"看不起。

同样,北京人也是用北京话来鉴别你是不是地道的北京老炮。

北京那些土生土长的爷们儿,把自己看成皇城根的特殊子民,对外地人侧目而视。某些出租车司机,一听打车者说的不是"京片子",连理你都不理。(原因之一是他们知道你不懂"规矩")他们不想做生意吗?他们不想要钱吗?非也。只是,他们要"端着"架子,不然，何谈天子脚下的大爷。

地域歧视，上海有，北京有，其他城市何尝没有？

见到朋友的一篇文章说，在北京，不是北京人歧视外地人，恰恰相反，是外地人歧视北京人。

难道发生了二百级地震，乾坤倒转？

竟然是，土生土长的北京爷们儿，在窝里，被外地人瞧不起？

我有点找不到北了。

细读全文，颇有意思。

文章说，那些敢来北漂的，都是全国最优秀的年轻人。北京人没得选，只能硬着头皮上前竞争。

北京人无奈地说："你们总说我们歧视外地人，其实最受歧视的，是我们北京人。"

"现在北京很多公司总觉得，北京孩子，没有什么生活压力，工作起来肯定没有什么积极性。家里几套房子，回家收收房租，当个北京小爷多好，上什么班儿啊？"

地域歧视，究其缘由，多是社会封闭所致。

清代以远，我国一向以"天朝"自居，对洋人一百个看不起，以为人家的腿不能打弯，见了老佛爷都不下跪，不像我们的顺民，天生奴才相。当然就不知道洋鬼子的技术力量大大高于"天朝"。这样的认知，隔了一百多年，不知道什么时候开始回潮。

上海老早就是个开放城市，开埠以来，多是江浙一带的人口流动，而北方人所占比例甚微。故而，上海人并不歧视操宁波、苏州、杭州等方言的人。

如今，上海滩，满大街都是说普通话的外地人，语言歧视也就渐渐淡化。

正儿八经的教科书说，语言是思想交流的工具；生活中，语言有时却变成包装，甚至成了"盾牌"。

沙俄时期，贵族沙龙里，以讲流利的法语为荣，很有点没出息的味道。法国人则不然，他们遇到外国游人问路，如果你用英语，有人就装作听不懂。

英国与法国，虽然在二战前后，结为盟友，但在十五世纪前后，两国经历了"百年战争"和"玫瑰战争"的撕扯，有些历史的宿怨，终于反应到语言上。打遍天下无敌手的英语，在法兰西这一亩三分地上，就有点不灵光。

改革开放之初，人们掀起英语热；今天，西方很多人热衷学习汉语。什么地方经济发展强劲，那地方的语言就会受到热捧。

有一段时间，上海年轻人喜欢学港台腔，如今，势头已然锐减。

语言歧视，说白了，就是人格歧视。语言歧视没有了，人格自然受到尊重。

无可奈何花落去，时代在改变，即使心有不甘。

门前的梧桐树

我们小家庭初建时,住在上海泰安路。街道不长,路边的梧桐树高大而茂密。盛夏时节,十多米高的枝杈隔着街道彼此交织,搭成宫殿般的穹顶。说也奇怪,道路左边的树枝,会拼命地向右伸展;路右边的树枝也会竭力向左延伸。它们竭力想把自己的手臂伸向对方,似乎在说,哥们儿,我的手总算搭到你的臂膀,咱们好好聊聊。

小街很静。傍晚时分,走在小街上,偶尔遇到熟人,搭讪几句,望望微暗的"穹顶",总会说一句:多好,又凉爽又适宜。

到了中秋,树叶渐黄,树枝搭就的穹顶变得金碧辉煌,路面也就铺满金色落叶。

好一段泰安路!

美丽的小街,得益于路边的梧桐树。那种学名叫悬铃木的法国梧桐。

我国古人,对梧桐树格外钟爱,认为它是智慧之树。所谓"一叶知秋",其落叶,指的即是梧桐树叶。不过,它并不是法国梧桐。即使这样,每当门前那一株株法国梧桐树叶飘然飞落时,我就知道,金色的秋天已然来了不少时日。

到秋雨绵绵的时候，道路这边的树枝，紧紧拉住道路那边的树枝，唯恐分离。直到园林工人把长得太快而且多情的树枝无情锯断了的时候。

那彼此紧握的手臂分离时，一定很痛苦的。

慢慢地走过，细细观察，你会看到，随雨飘落的叶子，是带着一滴泪珠儿的。它们落在地面，由金黄，变成焦黄，然后，变为深棕色，最后，才碎碎地被寒风卷走。

它们留恋着这个世界。但是，它们的生命竟然那样短促——仅仅只有春夏秋三个季节。那又怎么样呢？它们来过了，欢喜过了，彼此交谈过了，甚至呼喊过了。

生命不就是因此有了价值？

因之我说，梧桐树是有感情的，有灵性的。

别的植物也是这样的吧？比如含羞草，比如扑蝇草，比如夜开花。

一切植物都是有灵性的。虽然它们不会移动，但它们有自己的语言，或许，还有追求。

动物就更不必说了。

狗狗忠诚的故事很多很多，就是我们认为凶狠的群狼，也会知恩报恩。网上有这样一则故事说，一位养狼的姑娘，因病住了几天医院，回到动物养殖场时，平时她喂养的那群狼，一齐围拢过去，向她表示亲热，表示"问候"。

"三观"在这一刻不是崩溃了吗？

在姑娘住院期间，那群狼是不是会想念她呢？我们无从知晓。

网上另一个故事说，一位农民要卖掉他的一匹老马，那马临走时竟然朝农民跪下告别。马被买主牵走之后，它不吃不喝，竟然绝食。买主无奈，只好又把马送回，农民万分感动，决定不再卖掉那匹多情的老马。

我想到了俄罗斯民歌《三套车》。

这则故事，有图有像，不得不信。人们对此能说什么呢？只能说，我们对动物了解得太少，对它们也不够"哥们儿"。

无论是动物，还是植物，在这个世界上，都有权利表达。人类当然应该尊重这个现实。人们常说，为了后代，要爱护生物，爱护环境。

这爱护意味着尊重。

是它们养育着人类。稻米、小麦供给我们食物。有些蔬菜，如韭菜、青菜，让我们割了一茬又一茬，毫无怨言。我们有什么理由不感谢呢？《圣经》上说，造物主在造人时，也造了万物。我们与它们是平等的。

尊重它们，就是尊重我们人类。

在这又一个美丽秋天到来时，那片金色，那片绿色，那万紫千红的一切，都让我们感谢，包括那一株株梧桐树。

离开泰安路多年，那天偶尔走到那里，忽然觉得那些可爱的梧桐树有些老了，它们经历了太多的风风雨雨了。

在我新居小区门前，还没有梧桐树的问候。

我期望着有一天。

鸽　哨

北京人民艺术剧院把老舍先生的名著《茶馆》搬上舞台，可谓珠联璧合。如果别的城市剧团演出，恐怕少了些浓浓的京味。剧中的台词不用"京片子"，就没有那种神韵，就没有那么接地气。

《茶馆》里的人物，是地地道道的老北京，不少是提笼架鸟的遗老遗少。

民国时期不用说，就是到了上世纪五十年代，北京城里养鸟的、养鸽子的也大有人在。不仅是因为，虽经岁月的动荡与淘洗，皇城根下的闲人们依旧带着清末遗风，还因北京人的居住环境使然。

北京的四合院比较适合养鸟、养鸽子。

四合院多是平房，独门独户居多，只城南一些穷苦人家才住大杂院。

所说的大杂院，是指多家没有亲戚关系合住的院落。院子比较简陋，地段相对腌臜，如同上海人称的"下只角"，租金自然比较便宜。到了上个世纪五十年代中期，北京的外来人口急剧增加，住房建设又一时跟不上，原来静悄悄的四合院，才渐渐形成嘈杂的大杂院了。

住四合院的爱鸽人，只须在自家院子一角，或者，在屋檐上方搭个小鸽笼，就具备了养鸽子的硬件设施。这不同于上海的爱鸽者们。

上海人住弄堂房子，住石库门，住新式里弄，或者住公寓楼房，养鸽子就不是很方便。上海养鸽人，因地制宜，因陋就简，自有他们的办法。他们或在窗外挑出一块地方搭建鸽棚，或者在自家阳台上搭建，或者，直接搭在公共晒台上。这就容易引起邻里间的纠纷。改革开放之前，上海人的平均居住面积较低，因为养信鸽而引发的邻里纠纷，经常可以见到。

看上去，喜欢养信鸽的上海人有些可怜，其实，人家是乐在其中的。因为目标，因为爱好，因为兴趣，即使条件再差，聪明的上海人也会想出办法来的。

今天，随着北京旧房的改造，大量的四合院被高楼大厦替代。那些老北京爷们找不到养鸽子的地方了，这个群体也式微了吧？

没有了四合院，搭不成鸽棚，不必说了，但不知道老北京人那些鸟笼还在不在了？

精致而有艺术意味的鸟笼，是爱鸟人的手中宝。

鸟笼一般用上好的竹料制成，涂着讲究的油漆，上面镶着象牙一类的饰件，远远望去，精光闪亮。鸟笼边上，挂着的小水壶、小食盅也都是上等瓷器。鸟笼上端装有蓝色布帘，阳光太足时，把布帘放下，以免晒坏了小鸟的羽毛。

鸟笼的尺寸大小不一，精巧的一尺上下，大的，竟然有半人高。我不知道有没有更高的，如果有，携带就成了问题。

养鸟人，把鸟笼挂于树梢，把鸟食团成小丸，放于指尖，一边轻吹口哨，逗着小鸟，一边把鸟食送进小鸟嘴里。那是养鸟人最快乐的瞬间，是人与小鸟的精彩对话，是一幅温馨的画面。鸟食，一般用小米和着鸡蛋制成，据说，行家还有更好的方子，那就秘而不宣了。"各庄的地道，都有几手高招。"

清朝末年，民国时期，鸟笼的精致品相，象征着养鸟人的身份地位。

想象一下这样的画面：那些阔少遗老，提着鸟笼，带着跟班，挺胸叠肚，前呼后拥地在京城的官道上那么一走，那是多么得意，多么张扬，多么威风。如同，改革开放初期，一些"倒爷"手持"大哥大"招摇过市。别人视为可笑，他却有着一种满足感。价值观之高低，爹娘也教不会的。

时代不同，抖威风的道具是有区别的。

到了上世纪五六十年代，北京养鸟人的聚会，仍旧是一道有趣的风景。

在公园一角，在皇城根下，在护城河边的柳树下，北京大老爷们儿三五成群地聚在一起，把鸟笼挂于树梢，天南海北地"侃大山"。市井间的这道景致，展示着北京爷们儿的满足、慵懒、与世无争或不求进取。

小时候，我们一帮孩子围在养鸟人的周围，除了喜欢听小鸟的叫声，就是喜欢看那些五光十色的鸟笼。至于笼子里的小鸟儿是否名种，我们既不懂也没有兴趣，至于，大爷们聊天的内容，更是跟我们没有一毛钱的关系。

上海也有这样的风景：在公园里，那些养鸟的人们，把心爱的鸟笼挂在树梢，一边欣赏着鸟鸣，一边有一搭没一搭地"讲闲话"。

有一次,我在某个市场的一间大屋子里看到一些养鸟人,他们的聚会别开生面:各自把鸟笼挂在预先制好的铁架上,一面饮茶聊天,一面欣赏着小鸟们。同时,墙上一只大彩电播放着电视剧,只是调至静音,免得干扰小鸟的歌唱。真是"相看两不厌"啊。

居住环境的改善,压缩了养鸟人的活动空间。养鸟的空间小了,其实是好事。

大师泰戈尔有着这样诗句:"驯养的鸟在笼里,自由的鸟在林中。""笼中的鸟说:'可怜的我呵,我不会唱林野之歌。'""在栅栏中间,哪有展翅的余地呢?"

每每读到这些诗句,莫名的惆怅,丝丝沁入心头。

鸽子的命运似乎要好许多,它们有被放飞的机会。

夏日的早晨,朗朗晴空下,在一片灰色屋顶的上方,一群白鸽转着圈儿地飞翔的画面,是我童年的记忆。

尤其,在雨后,站在四合院当中,抬着头,望见院子上方,仅仅是一片不大的天空,那天空,是瓦蓝瓦蓝的,偶尔飘来一朵白云,也是明亮亮的。这时候,悠悠的鸽哨声,自远而近传来,声音越来越响,过了两三分钟,就见一群白鸽自天外飞来,在那片小小的天幕上,鸽群飞翔徘徊了两圈,又飞走了,鸽哨也渐渐变弱,变得几乎听不见了。过了几分钟,哨声忽然由弱渐强——鸽群重新来访了。

当年,我家和周围四邻都没有养信鸽的,但是,我们仍旧可以欣赏到一群又一群白鸽的来访,可以听到那清亮的鸽哨声。那时候的北京,人口不是太多,胡同里经常是安安静静的。天空中传来的鸽哨,自远而近,又自近而远,自弱渐强,又自强而弱,那真是一曲绝美的音乐,是我童年时代的天籁之音。

一位作家说:"在童年时代和少年时代,世界对我们说来,与成年时代不同。在童年时代阳光更温暖,草木更茂密,雨水更清凉,天空更蔚蓝,而且每个人都有趣得要命。"

说得多好。

我们从童年走向少年,再从少年走向成年,身边的一切由新奇,走向司空见惯。我们对事物了解得多了,诗意也许却在减少。

保留这份稚嫩而美好的记忆,保留童年时代诗的感觉,那么,我们内心深处,总有一块最柔软的部分。

这是最宝贵的。

这样的记忆,在我的同龄人当中还是不少的。前两年,有中学同学就跟我提及白鸽飞翔的画面。他问我,还记不记得这样的情景?我淡淡地回答说,能忘得了吗?

如今,在上海,有关信鸽比赛的报道,极少听到。据说,有些养鸽子的人,因为没有地方搭鸽棚,不得不忍痛把信鸽养肥,送进肚子。

这是小小的悲哀吧。信鸽比赛,与其说是鸽子的竞技,不如说是养鸽人的竞技。人们在养鸽子的过程中,可以得到多少有益的东西呀。

人类是与生物共生共灭的。一位科学家曾经说过,如果世界上没有了蜜蜂,人类继续存在不了几年。

最近在电视里看到报道说,在俄罗斯的一座城市,小鸽子是受到极好保护的。管理部门不允许任何人去喂鸽子,怕这些小家伙不小心食物中毒,也防备鸽子长肥。如果有人戏弄广场上的鸽子,会受到两年监禁的惩处。这个战斗民族,如此热爱和平鸽,是值得我们尊敬的。以物及人，一个民族如果不思进取，养尊处优，吃得肥肥的，那么，这个民族是缺乏战斗力的。

养鸟、养信鸽，起源于何时，我没有考证。不过我想，人们对飞禽的钟爱，不仅因为欣赏它们美丽的羽毛，欢喜它们美妙的歌喉，还寄托着人类对飞翔的遐想。

在河南陕县庙底沟，考古发掘过一万年前的陶器，上面就绘有十分生动的飞鸟图。鸟儿如一抹剪影，在墨黑色的鸟的头上，有着溜圆而富有神韵的双眼。鸟嘴微微张开，似乎能隐隐听到它的鸣叫声。更有趣的是，在鸟的上方，悬着一轮太阳，鸟儿正朝着太阳飞翔。

小小的图案啊，道出了原始人美妙的畅想，他们希冀，有朝一日，长出翅膀，飞翔在白云之间。

其实，我们对动物的认识，是渐进的过程。动物世界中丰富多彩的情感，生动有趣的生活状态，构成一幅幅美妙景象。让我们知道，各类生物都有自由生存的权利。

鸽哨是用细细的竹管做成的，绑在小鸽子的腿上，鸽子飞翔时，借助空气的流动，"吹"响哨子。声音虽然不大，但是清脆嘹亮，鸽子成群，集体发声，这样的"合唱"很是美妙而嘹亮。

老虎灶和浑堂

1964年秋天,我被派到奉贤县去搞"四清"运动。我所在的生产队,叫奉贤县奉城公社南街大队。

清末民初,南街,是奉贤县城所在地,到了上世纪六十年代,早年县城的轮廓还能看出个八九不离十:道路是青石板铺就的,路两边的房屋虽然老去,格局上,依稀显出往日的派头。早已废弃的县衙门,还沧桑地站在那里,虽然里面的建筑,被拆得七零八落,砖瓦和木料也被人拿去了。院子里,叠床架屋,还生出一些不三不四的房子。但是,破旧的衙门口,毕竟还是衙门口。门口那保留完整的石板路旁边,是一条弯弯的小河。河边几株小树在微风里摇曳,一些大树的树根裸露在地面,根上的部分早已不在。据说,民国初年那些大树还在,到了"大跃进"年代,大树被砍伐,炼了钢铁,硕大的树根刨不动,成了幸存者。后来,在树根四周补种上小树苗,算是一点补偿。

又是今夜春风,又是夏晨雨雾,三四十年就这样过去,迎来了浦东的大开发。如果南街这个地方还在,如果一百多年前的县衙旧址还保留部分,想来,那些小树苗应该长成参天大树了。

奉城由两条干道组成。一条东西向,一条南北走向,南北走向的,即是南街。两条干道交汇处,叫十字街,是最闹猛去处。每条干道又分出不少小街,小街上散落着民居和零零散散的小店。虽然说,往日铅华已经褪尽,早年间的一些店铺如今大部分改作了民居,还是有些小店铺开门营业:理发店、粮食供应点、油酱店,以及一家公社卫生院。

我印象最深的是十字路口的那爿老虎灶。

北京是没有老虎灶的。若问北京人老虎灶为何物,十之八九是傻瞪眼,直摇头。

噢,原来是卖开水的。开水还用买吗?

北京人不知道上海人珍惜用煤。

老虎灶是专门供应人们泡开水的店面。至于为何冠名"老虎",因其形状像老虎似的,虎视眈眈地蹲在街口。过去,上海的每条小路都有一爿老虎灶。老虎灶分几个档次,大的兼营茶馆和浴室,最小的只供应开水。考证下来,在江浙一带,老虎灶有近二百年的历史了。

在奉贤县南街那两年,每天清晨和傍晚,我都要走过那凹凸不平的石板路,拎着四个热水瓶,到老虎灶去泡开水。一来二去,那里的老板娘跟我熟悉了,见我到了,总是把别的客人支开,让我插队,优先泡水。有人提出意见,她会理直气壮地说:"人家工作队任务忙,照顾照顾有啥啦,有意见去别家呀。"

被数落的只能忍气吞声。因为去别家,需要走好几里路。

老虎灶娘子是个能人,不仅经营着这爿老虎灶,还顺便管着灶旁的浑堂和茶馆。伙计中,选出一男一女,分别管理男女浑堂。茶馆则由亲戚掌管。当然,财政大权捏在自己手里。

江浙一带的农村是没有现代澡堂的，浑堂，就是他们"浮浴"的地方。十字街这爿店，老虎灶、浑堂、茶馆三者合一。在南街是独家垄断，市面做得当然不小，仅烧开水的大灶头就有三个。除了供人来泡水，开水一部分供应茶馆，一部分分流到浑堂里。

这一带的灶头做得讲究，不要说老虎灶的，就是平常农家，灶披间的那个灶头也砌得好看。造型不必说，统一中有变化：一个灶台上有两个大的灶眼，供煮饭炒菜用，旁边还有两个小的，小灶上放着铁罐，是专门供应温水的。烧饭之后，灶里的余热可以使铁罐里的水保持温度，真是节约能源的好方法。灶台上方是高低错落的立面墙，民间艺人在上面画着花花绿绿的图案，墙上还设有大大小小的壁龛，龛里可以放置油瓶、盐罐、灯盏等，剩下的放置小的杂物。那里也是小猫咪的享乐之处。到了冬天，家里的小猫就会煨在那里，躲避寒冷。上海人形容一个人的懒惰，常常说他像个煨灶猫，根源盖出于此。

男用浑堂就在老虎灶旁边，小门上挂着脏兮兮的布帘，小风一吹，门帘闪动，浑堂里面的活动，若隐若现。反正当地农民对此是无所谓的。女部要隐蔽得多，开在茶馆后面，一班闲人是到此止步的。

我没有在那家浑堂里洗过澡，只知道，堂内备有一只只一米左右的椭圆形木盆，顾客用温水冲洗，要想彻底洗个痛快，似乎不可能。

上海较贫穷地段和上海郊区，都有这种简易浴室。到了上世纪六七十年代，这样的浑堂，在市区退出了历史舞台。

北京没有这样的浑堂。似乎，这样的浑堂，是老虎灶的孪生兄弟，没有老虎灶，自然没有浑堂。

在上海市区，老虎灶比比皆是。那个年代，上海的燃煤是计划供应的，主妇们烧好饭就会把风炉封起来，用自家的风炉烧水，很不划算。

上海的公共澡堂与北京相差无几。

北京人住四合院，洗澡是个麻烦事。现在很多人住新商品房，住别墅，卫生间不止一个，洗澡根本不成问题。但是改革开放之前，洗澡就大伤脑筋。北京住独门独户四合院的人家，院里有厨房、厕所，但有洗澡间的并不多。有，也较为简单，不像今天的卫生间那么考究。北京人主要是上澡堂，也就是公共浴室；上海也是这样。

那时候的上海，公共澡堂很少，单位和大一些的工厂都设有洗澡间，而小单位的人和孩子们洗澡就犯难，尤其到了节日。节日前，去公共澡堂"浮浴"，需要排好长时间队。对于今天的年轻人说，似是不能想象。

澡堂起名很有学问，现在的公共澡堂，带有社交功能。故而起名曰：黄金海岸、大浪淘沙、碧海蓝天等等，显得气派，显得高大上。商业人士和阔人们，去"黄金海岸"或"绿洲长岛"，目的不在洗浴。澡堂内部装饰，必须豪华讲究，不然，家家都有浴间，去澡堂不是多余吗？

改革开放之前，在上海北京路上有间澡堂，设施与服务并没有出奇之处，奇怪的是它的店名：古香古色的店门上，赫然标有"大观园"三个大字。单看名称不谓不雅，用在澡堂上，叫人啼笑皆非。后来，澡堂当事者听了各方神圣意见，总算把招牌改了。如今想来，店家取名大观园，其实很有商业头脑，就像"狗不理包子"，叫人过目不忘。

烟纸店和酱油店

我太太的娘家,住在老早称为法租界的地段。街道不宽,曲曲折折的"台格路",炫耀着这条街道的老资格。道路两边,鳞次栉比地摆开造型各异的花园洋房。蓊郁的梧桐树,把那些房子半遮半掩。夏季,绿荫满地;秋天,金叶盈墙。

只是,那一带过于幽静,购物不大方便。幸亏,出来花园大门,有一爿小小的烟纸店,为附近居民提供了便利。

小烟纸店没有店名,没有招牌,门脸也不大,卖些针头线脑、香烟火柴、铅笔橡皮、肥皂牙膏、啤酒汽水、草纸毛巾之类。除了糖果棒冰之外,不卖别的食物。

小店是临时搭建的房子,木板结构,屋顶覆盖着油毛毡和铁皮,与周围的建筑极不协调。看起来,一副萧条不振的样子。

改革开放之前,还没有良友、罗森之类的快捷店,这种不大规范的烟纸店,遍布城市的大街小巷。

那家小店的店主身板结实硬朗,身高中等偏上,脸上有几个麻点,只能屈尊纡贵地找了一位不漂亮并且矮胖的娘子。店主娘子蛮能干,不仅把小家打理得井井有条,还给店主生了七八个孩子。在那个工人月薪只有二三十元的年月，小店的收入竟能养活十来口人，可见其赢利能力都被四邻低估了。

店主有个大女儿，读小学时跟我太太是同班同学。那个女孩生性不太聪明，又加上家务事缠身，读书总是倒数一二名。临到考试，拉长了脸上学，哭丧着脸回家。每到考试前，她母亲总要给她吃鸡心。以为，吃了鸡心，就会长记性，成绩自然会上去。可是，那女孩鸡心鸡爪吃了不少，学习成绩仍然排在队尾。

说起那位百般努力而成绩亮红灯的女孩，不由得想到我的一位小学同班同学。那位同学姓刘，有五六个姐姐，只他一个男孩，也就过于宝贝了。由于幼小时父母的溺爱，他身体一直不好。为了不让他夭折，爸妈给他头上留了一只小辫。胡同里的孩子们，就给他起了个外号叫"小辫留"。每每在放学回家路上，他在前面走，我们就会跟在后面喊起顺口溜："小辫留，小辫留，下雨不发愁。人家有雨伞，他的小辫直溜油。"到了小学三年级，他的小辫剪了，人一下子蹿了老高。仍旧细细的，一副弱不禁风的身板。身高增加了，肩膀显得更窄。

因为家境不宽裕，怕别的同学看不起，下课休息时他从不跟别人玩。朋友少，性格就越显孤僻。但是，他的功课特别好，语文算数常识都是第一名。唯独体育课不行。他的脚弓较平，跑百米永远不及格，扔铅球就更不提了。

小辫留京剧唱得不错，在僻静地方，他会练走圆场，翻"云手"。趁人不注意的时候，还会轻声哼一段《空城计》，学的是马连良，唱得有板有眼、嗓音明亮、字正腔圆。可他从来没有在同学面前唱过。

小辫留家里是摆小摊的。

北京的这种小摊，主要是做小孩子的生意。一般是在小街上或者胡同里摆一只摊位，专卖零食。

他家的小摊就摆在家门口。

每天早上，他父亲从家里搬出两个长凳和四五条铺板，拼成一只两米长、一米多宽的摊头，在上面铺一块粗布，小摊就算搭好了。铺板有两米长，三四十厘米宽，一寸左右的厚度，原是用来搭床的。小辫留的父亲白天用它做生意，夜里，把它们搬回家，就睡在这副摊头上。

摆好小摊，他就不紧不慢地从家里拿出各色各样的零食，什么花生米呀，铁蚕豆呀，咸瓜子呀，爆米花呀，还有各种糖果、果脯、酸梅汤、海棠汁儿之类。夏天兼卖西瓜；冬天还卖一种叫冰板的东西。大人是不让我们吃冰板的。后来，我到小辫留家里去玩，才知道了原因。

原来那种冰板的制作是可怕的。先把山楂熬成浆，去核，再放大量糖精，把这些果浆放在一张张小块报纸上，拿到室外冻一会儿，任凭风沙吹到上面，等到果浆冻出冰碴，再把纸块对折，这样就把果浆包在纸里了。做好的东西放在室外冻一夜，甜酸可口的冰板就摆到小摊上了。

冰板很受孩子们的喜欢，的确很好吃。直到我在小辫留家，看到做冰板的全过程，才知道大人们为什么不让我吃的道理。这个小秘密，我从来没有跟胡同里的玩伴们说过。由那些嘴馋的家伙们吃了拉肚子去！毕竟这是我同学家的生意，何况，他们信任我，才让我看他们做冰板的。

这个小摊，从日出，直摆到太阳下山。夏天夜晚，胡同里有人坐在家门口乘凉、聊天、下棋，他的小摊也会多摆一阵子。摊头上摆一只小马灯，引得小虫围着玻璃罩飞舞。

生意好的时候，小辫留的父亲，也会摇头晃脑地轻轻哼一段京剧。有时，小辫留功课做完，会出来替爸爸看摊，让他父亲回家休息一会。这时候，他会从衣袋里掏出小说，匆匆看起来。

每逢过年，小辫留很少穿新衣服。有一年，大年三十夜里，他居然穿了一身新的蓝色学生装，出门来，看我们放爆竹。我让他放几个，他却摇摇手说，看你们放，看你们放。说完，他就回家了。过了一会，他又出来，只是，把新上衣脱了，并且，拿出几个爆竹，跟我们一起放起来。我看到他笑着，笑得很开心，那是我很久没有见过的。

小辫留功课一直很好，后来考上了清华大学。

小辫留家的跨院里，有个漂亮女孩，是我们胡同里长得最好的。女孩身材高挑苗条，梳两条小辫子，上面结着蝴蝶结。我们都说小辫留喜欢她，小辫留不认账。后来，那女孩得了什么病，一直瘦下去，再后来，那家人家搬走了，小辫留愁眉苦脸了好几天。

像小辫留家这样的小摊，在北京的南城比较多，经营者也都是穷苦人。在东城和西城就少了。小摊主要面向孩子，而且不卖日用品，不大被成人看好。好像，上海没有这样的小摊。

上海有烟纸店，我太太娘家门前的小店就属于这种。烟纸店只经营日用小百货，柴米油盐则需要到酱油店去买。

上海的酱油店不仅经营油盐酱醋、腌制酱菜之类，还经营粮食和豆制品。泰安路口就有这么一家，玻璃柜里摆放着各色酱菜和豆制品，米面则堆放在店内一角。

卖米的装置比较有趣：店前置一高台，台上方，有大大的方形漏斗，漏斗一边有个控制的压杆。营业员称好米，按一下压杆，米就会迅速根据顾客的购买量，流淌到下面一只铁制的大平秤上，营业员微调好确切的分量之后，再将米放置于下面的一只木制的箱子边，箱子有一只抽屉型的斜形出口，对着柜台外，顾客只需将米口袋对准箱口，营业员将箩筐里的米倒进箱子里，大米就会随着斜抽屉进入顾客的米口袋。

卖油的方法也大同小异。当年，上海人的食用油基本有豆油、花生油和菜油。每户供应不多，人们需拿着空瓶去零拷。店里，半人高的油桶置于一隅，桶上架着一根长条形的抽杆，杆上刻着刻度。售货员只要按量调整好刻度，把抽杆压下，油嘴就会汩汩流出食油。当时，麻油也有售卖，是用小瓶装的，不需用这样的方法。

这种工具也该放入博物馆了。

京沪的出租车

一次,看电视新闻,画面上呈现出北京人挤地铁的情景:车厢口,人们挤进去,被挤出来,再挤进去,车里已经是只有出气的空隙了,车下的人还要奋力朝上挤。站台上的工作人员把一位欲上车的胖人拉下,然后说,来一个瘦一点的。

视频几成诙谐段子。有人调侃道,还不如说,上两张照片。

北京人就是逗,交通如此,还要逗闷子。

这就是高峰时段北京公交的现状。

其实,上海的交通也好不到哪去。

城市交通的拥挤,因城市发展,跟不上人口的大量涌入和就业人口的增长,也有人为因素。譬如,北京的出租车运营,就是一个瓶颈。

北京的出租车司机,这些爷们儿,就惹不起。没点底气,连"打的"的勇气都没有。

前几年,传出北京南站,成了"难站"。那里,公交站点设置得不够合理,车行时间也安排得有问题,再有,就是出租车的拒载和要高价。

北京有些做小生意的，有大老爷脾气。有些出租车司机也属于此类。他们把车子停在路旁，那叫"趴窝"。如果你上前去问，载不载客，他会拉下脸，眼睛望着天说："不走，等人呐！"再问，他就别过头去说；"跟你说过了。聋子呀！"

好像谁欠了他几千块钱似的。不然，你真的会怀疑，是你让他赚钱呢，还是他让你赚钱。

这种老气横秋的出租车司机，在北京并非个例。尤其，你操外地口音，又不明白其中奥秘的，他更是连看你一眼都不看的。时常是，把你气个半死，也打不到出租车。

北京人把乘出租车叫"打车"或"打的"："二哥，我们打车回家吧。"上海人也叫"打的"，有些老上海人管出租车叫"差头"："阿三，去喊部差头来！"

刚来上海的人，就听不懂了。

据说，差头是英语 charter 一词的音译转化而来。几十年前，老上海人叫惯了，如今，是老树开新花。有些人不知其中含义，以为这样说，显得时尚。北京人，就没有这样赶时髦。如果，跟那些蛮横的出租车司机说："你这部差头，怎么能这样？"会把那家伙唬得一愣一愣的。

一个城市的出租车，可以说是一个城市的窗口，它常常可以起到窥斑全豹的效果。外地人初到一座城市，首先接触的多是出租车司机。出租车司机的热情诚恳与否，自然对外地人说来是第一印象。而第一印象，令人以为就是这个城市的总体。

上个世纪六十年代，我初来上海时，还不兴"打车"。那时候，重要的交通工具是公交车。第一次乘上海的公交车，就觉得那些女售票员既热情周到，又会察言观色。哪个上车逃票，哪个坐过了站，她都一目了然。听你操外地口音，她也会额外关照，会细细告诉你，坐几站下车，再换什么车，车子朝哪个方向开，等等。使你觉得那位售票员机灵精细，很有敬业精神。那时候的公交车司机、售票员就如同今天的出租车司机，给初来者带去这个城市的人文气息。

北京和上海公交车售票员的工作方式很不一样。

北京的售票员，每到一站，必须从中门跳下，再从后门上车；到下一站，再从后门下车，从中门上车。即便乘客再多，也离不开这个流程。上海的售票员就聪明，她稳坐于后门边的座位上，一般这个座位较高，便于观察。车子到站，她并不下车，只把身边的玻璃窗拉开，探出身，手持一把小红旗，轻轻敲打车帮，以维持乘客上下车的秩序。那杆小红旗，上面满满地写一个"慢"字，人们离老远，就看得清清楚楚。奇怪的是，那块被敲打的车帮，经过多年也不变形。也许，击打车帮的轻重，其中有些窍门儿。

后来，两地的售票员的工作方式，都有所改变。一个小小的景观没有了。

一位作家这样说过，幸福的家庭彼此相似，不幸的家庭各有各的不幸。套用这句话来形容京沪两地的出租车司机，倒也有其妙处。

品格优秀的司机，他们的好行为，都有些相似的地方：助人为乐，急人之难，拾金不昧等等；而不良的司机，就各有各的"高招"。总括说来，上海的唱"文戏"，北京的扮"花脸"。

不良的上海出租车司机很少有恶语相向的，他为的是多捞钞票，犯不着跟你爆粗口。他们要小聪明，玩猫腻，见你是本地人，中规中矩，不跟你玩啥花头。除非看你像傻瓜、是呆鸟，不宰白不宰，那就不客气了。如果在他的眼里，你不是那么好欺的，他会对你客客气气，绝不多要你一块钱。反之，看你是外地来的，对上海的情况不熟悉，或者看你是老者，怕得罪人，那么，他会把刀磨得快快的，宰你没商量。只是，他们欺诈你钱，是不动声色的。你不熟悉路况的，他会绕远路，兜圈子，多等几个红灯；如果你是老外，或是看你有钱并且对上海不熟，又赶上交通高峰时段，他会说，计程表坏了，不打表可不可以？如果你点头同意，那么他就会绕来绕去，明明一个起步价，他敢要你一两百元。有的，改动计程表，那就更恶劣了。

有一次，我从浦东机场打出租车回家，按正常路线，到了内环高架路，上徐浦大桥，很快就到家了。可是那位年轻司机到了内环路口，不由分说，加快油门，然后说："我们上中环走，不堵车，多不了几块钱，时间省多啦。"天啊，已经夜里十一点了，堵什么车呀，再说，半夜里，我省几分钟干什么？当然过了内环路口，不走中环也得走。这位老兄，听我讲普通话，以为我对上海不熟悉，不宰白不宰。上海的不良出租车司机，玩阴的，比那些吹胡子瞪眼的家伙，还让人鄙视。

从两地出租车司机的表现，可以窥见某些品德不高者的各色嘴脸。

出租车司机千差万别，大体分，有爱说的与不爱说话的两种人。不爱说的司机，一路上闷头开车，乘客问一句答一句，绝不多言。甚至有些人连答话都不答。譬如，你说，过了红绿灯请往右拐，他的车会照着你的说法向右拐，但是他连哼一声都不哼。有时我们坐在车上觉得太沉闷，会对司机说，开车说说话，会减轻劳累的，他也只是笑笑。爱说笑的司机则不同，你一上车，他就迫不及待地跟你聊上了。常常是以聊天气为"导火索"，慢慢进入正题。

上海的出租车司机喜欢聊新闻，尤其关于经济方面的。有些人对房地产政策说得头头是道，什么税费、贷款比例等等，如数家珍。谈到股票的涨跌、红盘绿盘、周K线、月K线，也都了如指掌。你还会听到有关GDP的减速、CPI放缓之类的高见。北京喜欢聊的出租车司机似乎对股票不感兴趣。他们更关心政治，话题指向国际形势。国际会议的花絮、中东各方势力的搏击、二孩政策的未来，等等。

在上海乘出租车，有时，你会遇到让人钦佩的司机。

有的会和你说说凡·高、达·芬奇、欧洲现代绘画、伦勃朗画《夜巡》以后的每况愈下。他们的知识与观点，常常使我感到意外。有一位司机与我谈起贝多芬和柴可夫斯基，对这些大师的作品如数家珍，说得头头是道。他尤其推崇苏联作曲家肖斯塔科维奇，说他的《C大调第七交响乐》如何气势磅礴，旋律如何震撼。我对此不甚了了。见我尴尬样子，他说，就是《列宁格勒交响曲》，是作曲家1941年，献给当时被围困的列宁格勒城的。我说，噢，这我知道。看看，打车也会增长知识的。我颇感奇怪，追问之下，他说，他本来是音乐家庭出身，父母都是圈里人，他从小就接受了系统训练，后来因为成分问题不能报考音乐学院，进了工厂，后转业开出租车。还遇到一位，更加离奇，他对哲学很有研究。王阳明、黑格尔、费尔巴哈，都能说出子丑寅卯。问及是否哲学系毕业，答，仅是爱好而已。

看起来，各行各业，都是藏龙卧虎之地。

子曰，三人行必有我师焉。

现实生活告诉我，的确如此。

正月十五吃元宵

北京人过年有很多讲究。年前，从腊月二十三，就开始算小年了，就是说，过大年进入倒计时。民谣说：腊月二十三糖瓜粘，腊月二十四写大字，就是写春联，腊月二十五扫房子，腊月二十六蒸馒头等等。到了大年三十晚上，一家人要守岁，一夜不能睡，到黎明时分煮饺子。

大年三十这天，天一擦黑，就有稀稀落落的炮仗声远远近近地传来，声音越来越响，放花炮的人越来越多，直到大年初一。

上海人大年初一是不吃饺子的。有的吃汤团。元宵节，北京人吃元宵，上海人吃汤团，或者叫吃圆子。

北京的元宵都是甜馅的，上海有鲜肉馅的，北京可没有。

曾经有个笑话说，一位老外到店里去吃汤圆，吃了两个，停下来，陷入沉思。过了一会问陪同的中国朋友，这里面的馅是怎么进去的？陪同者说，大概是用针注射进去的。老外信以为真。如果那位老外进一步问，那么肉馅也是用针注射进去的么？不知道那位陪同该怎么幽默地回答他。那位老外可能是在北京吃的元宵，北京的元宵没有肉馅的，老外也没有进一步提问。

只能当笑话听，不能较真。其实不少国家也有饺子一类的食品。编这样笑话的人，是孤陋寡闻了。

上海人做汤团与北京人做元宵的做法不完全一样。上海人先把糯米面加水和成膏状，取一小团面在手，中间挖一小坑，然后往里面加馅，再团成球状即成。北京人家里做，也是这样。但食品店要大批做，就不用这样的方法，他们是摇元宵。

他们是先把糖馅做成膏状，用机器切成小方块。把这些小方块沾水，放入盛有干糯米粉的大笸箩里不断摇动。糖块沾上糯米粉，经过摇动自然成了球状。如果认为糯米粉还不够多，那就把已经沾了粉的糯米球再次沾水，重新放入盛着干糯米粉的笸箩里摇动。这种做法便于成批生产。

北京的元宵没有上海的汤圆好吃，可能北方的糯米不如江浙一带的好。

上海的精细与北京的粗线条

曾经有这样的漫画,表现一个上海男人去菜市场,手里拎着一条肉。那条肉也就二三两,用一条麻绳拴着。北京人看了,笑上海男人小气。其实,应该做正面理解:说明上海人做事精细。

上海男人会做家务,上海男人会买菜,也会烧菜。这与北京大老爷们,不管家务,做甩手掌柜截然相反。

上海人买菜之精细,北京人都不好理解。

二十世纪六七十年代,物资短缺自不必说,你去菜场,想买十斤八斤肉,根本没门儿。那时候买肉是要肉票的。三口之家,算是小户,一个月,凭票只能买两斤肉。大户要五口以上人家,每个月也仅有三斤肉可买。当然,如果你有家属或者好朋友在菜场里工作,那么你就能买到不少肉了。朝里有人好做官,那时候,菜场里有人,不但可以多买,而且可以买到部位好的肉。那么部位不好的是不是无人问津了?不是的,操肉刀的那位有"生杀大权",卖给你,如同恩赐一般。一刀下去,给你什么肉就是什么,不可以挑选。如果你持有异议,对不起,你爱买不买,找领导也没用。

有一次,我太太拿着宝贝一般的肉票去菜场买肉。明明看中一块五花肉，队也排到了。刚要拿出肉票购买，谁知半路杀出程咬金，操刀者的好友驾到，插队把那块五花肉买走。她又气又恨，只好拿着肉票回家。

走后门之风，其实历史源远流长，绝不是改革开放之后的产物。物资短缺时代，走后门为了多得到一点东西，改革开放以来，走后门是权钱交换，以钱买权，贿官买官，总之，还是为了一个"利"字。

那个时代上海的平头百姓，无钱无势，只能算计着过日子。到了改革开放之后，物资渐渐丰富，北京人又开始大手大脚起来。上海人却不是这样，他们仍然精打细算，上一次菜场，只购买供一天用的量，绝不多买。这样做非常合乎道理，一来保证蔬菜和鱼肉鸡鸭的新鲜度，二来避免浪费。尤其上海卖肉的，简直叫北京人看不懂。肉类要分部位卖。猪腿，分蹄髈、肘子、猪蹄；排骨分大排小排，甚至有公排母排之分。设想，一位北京人初到上海肉食供应点去买排骨，非得把你搞晕不可。北京男人可没有这样的精细，他们讲究粗线条，大大咧咧，不拘小节才算"爷们儿"。

北京男人会做饭的其实不少，而且做一手好菜的也大有人在。不过，男人们极少在朋友和同事面前说自己在家烧饭，以为做一个男人，干"老婆的活儿"是很"丢份儿"的，更不用说洗衣服做针线了。所以，我和爱人谈恋爱时，她的闺蜜们就十分反对说，你一个上海小姑娘，嫁给北方人要吃亏的，他们又懒又不会做家务，以后有得你苦的。

上海人对北京男人的评价可见一斑。

今天，人们交流频繁，南北融合程度也越来越高。很多新上海人，过日子也慢慢精致。不仅工作一丝不苟，餐饮衣着，家务分担，也向上海人学习。这是一种美德，绝不是小家子气。北京男人尤其应该向上海男人学习。

今天，无论是上海还是北京，上班族一定要注意服装打扮，因为这关乎企业形象，更关乎自己的利益。如果一个人在这方面不注意，他个人的就业前景就大告而不妙了。

如果衣着不整，即便老婆不管，公司的上司也要管的，弄不好，请你吃炒鱿鱼。

即便是物资短缺年代，上海的"老克勒"生活起居，衣食住行，也是精致考究的。这且不必说，就是一般的上班族，出门的"行头"一定要打理好。上衣干干净净，合乎季节，裤子整洁，并且要有裤线。头发的"头势"清楚，有人还要涂些发蜡。如果一个北京男人在那个时代头上涂发蜡，一定被人家笑为"假娘们"，也就是上海人所说的"娘娘腔"。

上海男人的裤子是人们关注的重点。经济拮据的人家，那条上班时穿的裤子也要保持裤线。他们在睡前要把裤子叠好放在枕头下面压平，以便第二天上班时裤线笔挺。

二十世纪七十年代初，我们去北京探亲，说起上海男人的裤线。我太太说，北京男人的裤子皱巴巴，很邋遢，很不像样子。我说这是朴素的表现，她说，这是不文明的表现。争来争去没有结果。后来我说，北京男人还是有一些人裤子笔挺的，不信我们看。当时我们正在逛王府井大街，于是，不看商店橱窗，不看街头景致，低着头专看过往行人的裤线。果然，行人的裤子一个个都没有笔挺的裤线。后来总算发现一位，抬头一看，竟是一位老外。

现在年轻的男人们大都穿牛仔裤了，裤线问题似乎迎刃而解。

时代不同，人们的习惯自然不同，今天，不在正式场合，穿着笔挺的裤子走来走去，反倒少见了。

上海人一向是讲求穿着的。生于斯长于斯的作家张爱玲就是代表。传说1950年初，在夏衍的力保下，张爱玲参加了上海第一次文学艺术界代表大会。在会上，她发现与会的男男女女都是清一色的灰蓝中山装，只有她是一身旗袍，外面还罩着白绒线衫。虽是一个细节，对她震动极大。不久，她就离开上海去了香港。从此再也没有回到故土。

生在上海的小姐少妇，对于衣着的精细考究，是她们生活的重要组成部分，张爱玲不过是这个现象的缩影。新中国成立初，女人要穿"列宁装"，那是中山装的变形，女人穿着不男不女，的确显示不出女人的美丽。上海的姑娘们、小媳妇们，会悄悄把列宁装的腰身改细一些，显现出身材来。到了改革开放之后，上海女人的衣着五花八门，引领全国女性服装打扮的潮流。

时代更迭，观念变化，虽说节约称作美德，眼下却要提倡消费。春江水暖，毕竟东流去。穷日子穷过的时代不再，连"时髦"一词都被时尚替代。如今，媒体人和"潮人"互为助力，推动着时尚大潮滚滚向前。有专门街拍者，关注京沪追求时尚青年，特别选了北京三里屯与上海淮海路的"潮人"们做比较。

摘录两段如下：

"北京和上海不一样，上海素人搭配比较多元化，小众品牌和大牌混搭，而北京很单一，大牌配大牌！就会有很多假货。A仿最多的是包和T恤。"

"上海会穿的男生都蛮有自己想法的，不大会照搬。大多数是根本不在乎什么风格穿什么牌子才对。"

日子过得精细与否,不在花钱多少,而在于会不会花,会不会精打细算,把钱用在刀刃上。

怕就怕追求时尚,追求过头。明明收入一般,为了与别人攀比,一定要用名牌包包,穿大牌衣服,弄得家庭不和。网上有传,一个女孩为了得到名牌包,甚至不惜出卖肉体。

何苦来哉。

七十二家房客和大杂院

1949年春天，北京刚解放时，人口不足四百万，到上世纪末，已突破两千万了。人口的增长带来住房的紧张。

上海和北京一样，居住成了大问题。

上世纪五十年代，北京的住房并不紧张。一般中等收入的人家，都是独门独户。穷一些的，也会住一座小小的简陋四合院，只有非常穷苦的人，才住大杂院。达官商贾，住的院子不仅敞亮，高大，屋前有廊子，有的东西厢房也筑有廊子，规模小些的是一进院，规模大些的有二进三进的院子，有的还有跨院。一般通往跨院的门是圆圆的所谓月亮门。四合院进门处建有影壁，二进院子门前也设有影壁。院子里东西北三面的房子以回廊相连，很是气派。

老北京人，一看大门，就知道院子的规模。小时候，管大门叫门洞，门洞两旁有小石狮子，俗话叫门墩。那时候，北京的童谣就唱道："小小子，坐门墩，哭着喊着要媳妇儿，要媳妇儿做什么，点灯说话，吹灯做伴儿。"

电视连续剧《大宅门》中的宅门格局就比较典型。一看大门，就知道是大户人家。我读小学一二年级时，是私立学校，小学有二层小楼。我们在楼上，上课时总是朝窗外看，窗外是一座硕大院子，里面不但有假山、小石桥，还有一片绿地。这在北京南城是极少的。房子的主人大约是清朝的遗老遗少吧。

早年间，老北京人口少，一般人家，即使不太富裕的，也是独门独户，很少住进外姓人家。如果有一家请了租客，邻居们就知道这家人经济走下坡路了。胡同里有势利眼的人，就会对其冷眼相对。

在北京的东西城区是这样，在城南地段也是这样。老北京的说法是，东城住的官多，西城住的文人多，做生意的、经营小商铺的多住城南。南城的地位比北边要低一些。一些杂院基本在南城靠近城边的地区。因经济条件差，只能几家人家合住一个院子，通常一户只有一间屋子，男女老少，吃喝拉撒睡，都在一间小小的屋子里。这样的院子有的比较大些，住的人家更多，住户也就更庞杂。住在大杂院里的，都是底层的劳动人民。

共和国成立之前，这些院子没有排水设备，连自来水也没有，要靠人们挑水，或者用机井压水吃，用机井压上的地下水多是又苦又咸，这里居民的生存状态可见一斑。

北京进入五十年代之后，首都的地位吸引从五湖四海涌来的各行各业的人们，人口迅猛增加，独门独院逐渐减少，北京的四合院走上式微之路。

上海，没有这样的大杂院。

在上海，经济不好的人家，住"下只角"。那些地方多在城市边缘地带。上海人讲，住"上只角"，就知道，此人经济地位不错。

住下只角的，有些是棚户区，居住拥挤，难免要"螺蛳壳里做道场"，在有限空间里，尽量扩展自己的居住面积。于是，左搭一点,右建一点,而且,各种建筑材料应有尽有,木板、废砖、铁皮、油毛毡,八仙过海各显神通。渐渐形成造型怪异的小阁楼、小套间,阳台套着阳台,门窗对着门窗。甚至,张家的后窗,就贴着李家的山墙。这些楼中楼、门中门的建筑,自然是违章搭建出来的。久而久之,形成了"七十二家房客"。

这种无奈的建筑,大约只有过去的上海才有。

阳澄湖"大闸蟹"

上海人有些俗语与蟹有关。比如,形容一个人办事缺乏经验,就说"蟹脚不硬";形容软弱无能的人,说他是"软脚蟹";说一个人手脚不灵活,就讲他"蟹手蟹脚";把事情搞砸了,没有回旋余地,会说上一句"死蟹一只";这里的蟹字,要读"蛤"音。意思是说,一只死的大闸蟹,是不能吃的,没有回旋余地了。

秋风起,蟹脚痒,到了仲秋,上海人开始谈论吃蟹赏菊的事。

上海人欢喜吃蟹,喜欢吃清水大闸蟹。

上海的清水大闸蟹中外驰名。其中以产于上海附近阳澄湖的大闸蟹最为正宗,质地最好。

正宗的阳澄湖大闸蟹,蟹腿上长有金色绒毛,蟹螯与绒毛干净,蟹壳亦清爽。规范的名称叫中华绒螯蟹。现在,即便到了产地,也未必吃到正宗的阳澄湖大闸蟹。有些不良商贩,会把别处的湖蟹,在阳澄湖里涮一涮,以此冒充。

北京人也吃蟹,从前,空运不发达,一般老百姓大都吃螃蟹。螃蟹的滋味远逊于上海的大闸蟹,没有那种甜咪咪的味道。所以,在北京人的街谈巷议里,螃蟹并不是什么热门话题。有的人家,根本不把它当成"一档子事儿"。

今天,阳澄湖大闸蟹乘飞机到北京的餐桌上,并不新奇了。只是,价钱也就可想而知。平头百姓,即便是正宗"吃货",怕也不敢多多领教。

北京人兴起吃蟹的"高潮",当属粉碎"四人帮"那些日子。菊花开了,"四人帮"倒台了。庆祝的最好形式,当然是约上三五好友,摆上三雄一雌的蟹,把酒言欢。人们把那些横行的家伙就着黄酒吃个痛快,嘴巴和心理都得到了满足。

那时候,我已经离开北京,不知当时的北京老乡们吃的是螃蟹,还是大闸蟹。不管怎样,那一刻,意不在吃而在乐,不管什么蟹,放在嘴里都是香甜的。醉翁之意不在酒也。

那一年的秋天,上海人也是吃三雄一雌的大闸蟹。

与往年稍有差异的是,上海人吃蟹,讲究的是"九雌十雄"。意思是说,九月,吃雌的好;十月份,雄的蟹膏丰满了,是吃雄蟹的最佳时节。这一年,不讲究九雌十雄了,反正得三个雄的,一个雌的。没得商量。

上海人把吃蟹当成生活中的趣事。"吃货"们,更是当节日看待。秋风起,路边的梧桐树叶泛黄了,人们开始议论大闸蟹的事了,今年的蟹是大年还是小年,蟹价是涨还是跌,甚至,吃蟹与股市都有联系。据说,股市有大行情的时候,蟹市也一片火红。

改革开放之前,上海的大闸蟹价格并不高,工薪阶层把吃蟹也看作平常事。

大约是七十年代中期,我家住在泰安路。这是一幢花园洋房,原是独门独户,"文革"时住进七八家,厨房只能公用。那时候,收入虽然不太高,秋凉之后,吃几次大闸蟹也是平常。一天上午,我们喜滋滋地买来十几只大闸蟹,准备晚饭时大快朵颐。中午,我把它们洗干净,放在厨房的饭锅里,还特意盖上锅盖,以为万无一失,便回到房里午休。不料,睡梦中被邻居吵醒,喊道:"哪里来的大闸蟹呀,爬得满楼都是!"开始我不以为然,忽然觉醒,连忙跑到厨房,只见锅盖已经掀掉,大闸蟹们全部逃之夭夭。

那些年,大闸蟹没有那么金贵,绳子绑得不如现在那么讲究。我洗它们时,各个装得无精打采,像是没有活力。可我离开后,它们原形毕露,轻易挣脱绳索,来个集体大逃亡。

小小的大闸蟹其实是很聪明的。

改革开放之后,港台同胞来上海的多了,他们腰包鼓鼓的,好吃这一口的又不在少数,渐渐把大闸蟹的价格"吃"高了。上海的工薪阶层吃大闸蟹时,就要考虑考虑钱袋子的问题。再说,水环境的恶化,压缩了阳澄湖大闸蟹的生存空间,产量少了,吃的人反而多了,价格怎么会不高呢。

想要世世代代能够吃到正宗的阳澄湖大闸蟹,还是要让阳澄湖一直干净下去才行。保护环境,就是保护我们自己,保护我们的子子孙孙。不然,几十年过后,"吃货"的后起之秀们,不知正宗的大闸蟹是什么味道了。

清代文人李渔是位吃蟹高手。他在《闲情偶寄》中说,"每岁于蟹之未出时,即储钱以待,因家人笑予以蟹为命,即自呼其钱为'买命钱'"。

上海的饕餮们,是不是李渔的徒子徒孙?

大饼油条和油饼

大饼、油条、豆浆和粢饭,是上海人早点的"四大金刚",也是人们早餐桌上的话题:今朝的油条佘焦脱啦,大饼像是僵脱。上海人钟情于大饼油条,和北京人是一样的。以前,北京没有粢饭,更没有粢饭糕,就像上海没有北京特有的豆汁儿一样。豆汁儿是小众的,粢饭糕,有群众基础。

热腾腾的粢饭团,包上油条,再加上一点肉松、榨菜末,略加白糖,吃起来十分可口。

上世纪五六十年代,北京的早点摊就摆在胡同口,有的选在大树下,讲究些的头顶上支个帆布伞。那种伞是四方形的,比雨伞要大许多,一根杉木撑着,地面上摆一块废弃的磨盘,杉木插在盘眼里,固定。大一些的胡同,居民多的胡同口,早晨就如同集市,常有三五个早点摊,卖豆汁儿的,卖炒肝爆肚的,卖大饼油条豆浆的,卖烤白薯的,很是热闹。

北京的烤白薯,上海人称烘山芋。早上,胡同口常常可见这样的画面:一个小伙子跟一位大爷打招呼:"大爷,吃了吗,您呐?"

大爷回答:"豆汁儿,驴肉火烧。您还没吃?"

小伙子回答："吃了。烤白薯。"

"上班去啊?"

"上班。"

"哪儿上班呢?"

"不近,东直门外,酒仙桥。718厂,倒三辆车呢。回见大爷。"

两个人住一个胡同,可未必认识。打起招呼来却亲热得很,不知道的,还以为是老相识呢,可是双方连姓名都未必知道。天津人,更是见面熟,从来没有见过面的人,彼此偶然遇见,就大姐、大哥地称呼,十分热情。上海人就矜持些。

现在,人们隔膜起来,家长会叮嘱孩子"不要与陌生人说话"。

回过头来说豆浆。上海和北京也不一样。上海有甜浆、淡浆和咸浆。北京可没有咸浆。可能,北京人固执,看不惯咸浆的糊状,至今不大肯接受。而在上海,喜欢咸豆浆的,要比喜欢甜浆的人多。

在上海,至今还没有见过油饼。两地的经营者们,守住自家门户,不知道是好事还是坏事。

近年北京和上海的早晨都有了摊煎饼,做煎饼的多是山东河南一带的外来户。北京的邻居天津早就有煎饼,煎饼果子是天津人的最爱。北京也有,那是把做好的煎饼裹上油条的吃法,与今天在街头摊上看到的做法不太一样。

如今在上海和北京街头看到的煎饼,不仅要加油条或"薄脆",还要加辣酱榨菜香菜之类。这种煎饼受到上班族的欢迎,好吃,也方便。

说说臭豆腐

改革开放初期,街头重新活跃起来,做小生意的走街串巷,重拾旧业。以往安静的泰安路和兴国路的交会处,简直成了喧闹的集市。小贩和顾客来来往往,嘈杂中透着热度,透着生命力。

热门生意当属卖油炸臭豆腐和炸油墩子的。

又过了几年,街头卖油炸臭豆腐的小摊头才渐渐消失,只在小店里有卖。

现在,上海的油炸臭豆腐已经上了"台面",上一点档次的饭店,也有这道菜。味道稍微收敛,矜持些。

小店的臭豆腐似乎更正宗。

油炸臭豆腐蘸辣糊酱,这是标配。

上海七宝镇老街上有一段,全是油炸臭豆腐的小店,行走其间,那味道直往毛孔里钻。小店的臭豆腐味道是正宗的,辣糊酱也是"老早的味道"。那里总是人山人海,人们拿着一串串油炸臭豆腐满街转悠。一些老外也来凑热闹。不知道他们吃了上海的臭豆腐作何感想,对舌尖上的中国是否加深了认识。

北京的臭豆腐和上海的大不一样。

近年，北京的庙会上，偶尔见到南方传过去的油炸臭豆腐，但是，北京人说的臭豆腐却是另一种。

那种臭豆腐一寸大小的方块，厚度半寸不到，深灰色，不是炸了吃，更用不着蘸辣酱。它本来就做熟的，齁咸，初到北京者，不敢贸然领教。

北京王致和的臭豆腐和六必居的酱菜一样，偶尔出现在人们早餐的餐桌上。中饭和晚饭不大会有的。它在市民的食谱上属于可有可无的东西。

但有时它也会救急。

上个世纪五十年代，北京的夏天多雨而温润。经常是夜里狂风暴雨，早晨却是艳阳高照。有时天公不作美，程序颠倒过来：夜里静悄悄，黎明开始下雨，雨越下越大，有时要下整整一天。

天气好的时候，胡同里每天有卖蔬菜的车子推来，菜贩扯着嗓子吆喝："黄瓜萝卜豌豆角儿，芹菜小白菜老窝瓜咪！"四合院里的主妇们在家门口就可以买到各种蔬菜。但是，遇上连阴雨天，菜车不出来，这时，卖臭豆腐的小贩就该出场了。

雨声中，你可以听到由远而近的叫卖声："臭豆腐，酱豆腐，致中和的臭豆腐！"那声音有些凄凉，有些无奈。如果你出门去看，会看到一个少年披着油布，臂弯上挎一只篮子，上面也盖着桐油涂就的油布，免得臭豆腐淋着雨。这些小贩，面黄肌瘦，想来是穷人家的孩子。他们应当还有别的营生，雨天卖臭豆腐算是额外的零工吧。

常来我们胡同卖臭豆腐的，有个叫小柱子的孩子。他比一般卖臭豆腐的少年还要小两岁，长得清瘦，皮肤白净，吆喝的声音有些奶声奶气。胡同里的孩子们，听到他来的时候，会跑到门口去帮着吆喝：臭豆腐臭，酱豆腐香，谁买臭豆腐多给汤。

其实，这样的吆喝十之八九是帮倒忙的。

又过了几年，遇到雨天，胡同里再也听不见臭豆腐的叫卖声了。走街串巷卖臭豆腐的少年们，消失在故都改造的进程中。人们偶然想到臭豆腐，只好去酱园里买。

再到雨季来临的时候，那个小柱子，应该长高了吧？也许，不再那么精瘦，也许，会在夏日清凉的细雨里，走在上学的路上吧。

胡同的生活，胡同里的文化，就在不知不觉中，变化着；在霏霏细雨中，在寒风飞雪中，悄悄改变着。老胡同的文化慢慢改变着，有些揪心的老讲究无形中变没了。

在北京，经营臭豆腐的有两家名店，一家叫致中和，一家叫王致和。公认的说法是致中和的臭豆腐好，王致和的酱豆腐好。酱豆腐其实就是上海的豆腐乳。

据说长沙的油炸臭豆腐也很有名。卖长沙臭豆腐的店家，居然把小店开到苏州的闹市区观前街上。店家吆喝道，长沙的臭豆腐哇，不吃长沙的臭豆腐算不得去过长沙啊！

卖长沙臭豆腐的还是有相当底气的。

有一次，去扬州旅游，朋友请我吃那里的蒸臭豆腐，奇臭无比，不敢领教。此谓，过犹不及。

过，意味着超了尺度。艺术，亦有尺度一说。

曾经与朋友谈及王朝闻先生关于艺术的"不到顶点"一说。

创作不必面面俱到，留些余地，留些空白，有显，有隐，更能耐人寻味。处处着墨，所有细节用力太过，易流于匠气。

臭豆腐是表里不一的食物。食品讲究色、香、味、形，而北京的臭豆腐几乎都不具备。

看上去不甚雅观的食物，也就难登大雅之堂。

在"颜值"大行其道的今天，难道，食品开始尤其讲究颜值？

据有些专家说，臭豆腐内含有毒的化学物质，不宜多吃。

有哪些食物宜多吃呢？在今天。

再说油墩子

改革开放初,长春电影制片厂的一位导演来上海与我合作电影文学剧本。他住的是五星级酒店,一日三餐,却是清一色的油墩子。他的住处离我家有相当一段路,按说,本不必每日过来,他却天天光临,风雨无阻。后来,我才弄明白,他是迷恋我家门口那个炸油墩子的。小摊炸出的油墩子,外焦里嫩,出锅时,上面一只香酥的河虾,把人醉倒。

他说,上海的油墩子乃天下第一美食,我一辈子吃这个就非常幸福了。

我的这位学长,身材较胖,喜欢吃油炸食品,饮食与身材互为因果。他在东北,可能不大见到油墩子。至少,我在北京那些年,也是没有见过的。

近年,知道多吃油炸食品对健康不利,不少人还是难以舍弃。

爱也如斯,恨亦如斯。

油墩子的确蛮好吃。有一回,我们去游上海附近的千灯古镇。小镇街上,到处是卖油墩子的,买的人当然不少。心血来潮上前探问,卖油墩子的老妈妈说,她做这个生意几十年了,在镇上是独一无二的，味道正宗，价钱也公道，只三块钱一个，五元可以买两个。

于是，我们买了两个。我妻子吃了一口，高兴地叫道：好吃，味道正宗。

卖家笑眯眯说：不骗人吧？在这个镇上，我是没得比的。

我说：好是蛮好，就是缺了点什么。

老妈妈笑着说：少一只虾，是不是？

我说：放一只虾，味道会更正宗。

老妈妈说：味道当然好，可价钿上去了，买的人会少的。

不过，质量上去了，她的收益会不会也上去呢？

久居北国，初到江南，对南方小吃是颇有体会的。以前，上海郊区的人，因为人多地少，养成精耕细作的习惯，处事小心谨慎，一丝不苟。做小吃也一样，简简单单的食材，尽量做得美味可口。

中国菜，世界驰名，中国小吃也是花样繁多，各地都有几手高招。

说起来，如今的油墩子，确实大不如六七十年代的好吃。那时候的油墩子用料考究，萝卜丝切得细，面糊咸淡适中，葱花也拌得均匀，入油锅前，上面放一只鲜虾，出锅时透着一股海鲜的香味。用油虽然不大考究，但那时候，还没有出现"地沟油"，出锅的油墩子也就没有异味。现在，有些经营者用的油不新鲜，刚出锅，就有一股油耜气，哪里还称得上美味？说不定还有用地沟油的。

前些天，上海近郊的召稼楼小镇，爆出新闻，说某阿姨做的油墩子之精妙简直无人可比。疯传的"网红"，引得我们去凑热闹。到了那里，排了半个多小时的队，才买了几只。一尝，不过如此，并没有网上说的那么神乎其神。

可笑的是这个小店的高邻，那家也是卖油墩子的，也取了个某某阿姨的店名。但是，小店门可罗雀，店主吆喝半天，才卖出一两个。

两家的东西，其实并没有什么区别，只是后者不会宣传。

传统食品的制作与售卖，应该跟上时代。于传统中求变，求优化。

在欧美的一些城市，中餐馆不温不火，多是华人出入。有人做了改进：店面一改中国式的沉闷装修，取消了雕龙画凤，成高大明亮的西洋装饰，并改为分餐制。于是，不少有钱的白人纷至沓来，虽然菜价比一般华人餐馆高出不少，生意照样火爆。

传统，是进击的起点，不是用来固守的。

北京至今没有油墩子售卖。不知是北京的小贩不屑于此，还是觉得制作麻烦望而却步呢。北京油炸的小吃不少，油炸糕、糖耳朵、炸元宵、炸油饼，也造就了不少胖人。

北京人"口重"，食盐过多，患血压高的胖人也比上海人多。

炸油墩子的用具做得十分精到。那个小容器做成椭圆形，下面比上面略窄一些，这样，炸好的东西容易倒出，而且，呈元宝状，图个吉利。可见始作俑者是费了一番心思的。

或曰："工欲善其事，必先利其器。"

豆汁儿

说起北京最有特色的食物,当属豆汁儿。说到它,必须得用北京话的"儿化"了。如果说"豆汁",外地人听不懂,北京人也听着别扭。就像问地名,如果你对老北京说:"请问,大什拉儿怎么走?"对方会热情告诉你;如果你问,大栅栏怎么走,老北京人会不知所云。也许,他会笑笑对你说:"是不是去大什拉儿呀?"

大什拉儿街口的路牌上明明写着"大栅栏",却没有人这么叫它。

豆汁儿,用绿豆做成,但是,把它弄得酸不叽叽,还有点馊的味道,着实也不容易。这种另类,不要说外地人吃不消,就是很多道地北京人也敬而远之。

不是不想懂你,
只因你离群索居,
站得那么远。

不曾相识,

就不曾遗憾。

梁实秋先生是喝过豆汁儿的。

他曾经写道:"绿豆渣发酵后煮成稀汤,是为豆汁,淡草绿色而又微黄,味酸而又带一点霉味,稠稠的,混混的,热热的。佐以辣咸菜,即棺材板切细丝,加芹菜梗,辣椒丝或末……午后啜两三碗,愈吃愈辣,愈辣愈喝,愈喝愈热,终至大汗淋漓,舌尖麻木而止。北平城里人没有不嗜豆汁者……能喝豆汁儿的人才算是真正的北平人。"

应该说,梁实秋老先生说的是民国初年的北京,到了五十年代,这说法已经过时。我读初中的时候,每到早上,校门口,就有一排卖早点的食摊:卖烤白薯的,卖烧饼油条的,卖爆肚儿的,卖馒头包子的,应有尽有。当然,也有卖豆汁儿的。

有一回,心血来潮,我想尝尝豆汁儿的滋味。只喝了一口,立马翻肠倒胃,连忙丢下饭碗,把豆汁儿吐了一地。

那副尴尬样子,连卖豆汁儿的也给逗笑了。他说:"滋味怎么样,好喝不?"

我摇了摇头,说:"倍儿好喝。"

卖豆汁儿的笑着说:"喝几回就好了。会上瘾的,想不喝都不成。我不来出摊,你会满世界找我呢。"言语中有着一份自信,有着一份得意。

我说:"才不会。"

的确,我巴不得以后再见不到他。豆汁儿,我算是彻底领教了。

为此,我做了一次调查:有百分之五十以上的同学是不喜欢豆汁儿的。梁实秋鉴别老北京的试剂，显然失灵。

"即便是北京人也不大喝得惯了。喝豆汁儿，越来越是一个小众的行为。"这是如今的北京美食家说的。

时代在不断变化，人们的饮食习惯也在不断变化着。新的出现，老的式微。

物质的追求是如此，精神层面何尝不是如此。

翻开中外古今的美术史，人们可以清晰看到，艺术发展是怎样的跌宕起伏，波澜壮阔。如同大河奔流、大海咆哮，晴空万里接替的却是狂风暴雨。艺术的波涛，一阵接着一阵，拍击着世俗与固有成见的堤岸。

过去，喝豆汁儿有喝豆汁儿的讲究。

清晨，北京老大爷"遛早"归来，路过胡同口，看到那里摆一溜长桌，旁边一锅热气腾腾的豆汁儿已经熬好，新炸好的焦圈冒着香气。这位便一边跟老邻居老街坊们打着招呼，一边坐了下来，操着道地的北京话对摊主说："老规矩，您呐，一碗豆汁儿俩焦圈儿，再来一个火烧，夹肉的。"

这是吃豆汁儿的标配。节约一些的，也可以豆汁儿就焦圈和窝头。不过必须有切得极细的咸菜丝儿就着。通常，微辣的咸菜丝儿是不要钱的。

所说的火烧就是上海的烧饼。只是北京的火烧是有芝麻酱的。

几个老哥们儿、老邻居一边津津有味地喝着豆汁儿，一边有一句没一句的天南海北地聊天儿。一支烟的工夫，豆汁儿吃完了，心满意足地道一声："回见您呐，明儿见。"

换成上海话就是：再会，明朝会。

上海是没有焦圈的。那种食品，如同把油条圈成环状，再放在油锅里炸透，吃起来就特别焦脆。也许，就是焦圈提升了豆汁儿的滋味吧。

说到焦圈，老北京有两种，一种是咸的，一种是甜的。还有一种叫糖耳朵。这几样小吃现在北京已不多见。在梁实秋的时代，把焦圈叫"油鬼"。这个名字我小时候听说，也不是叫油鬼，而是叫油炸鬼。梁实秋先生说："北平油鬼，不叫油条，因为根本不作长条状……小圆圈的油鬼是咸的，炸得特焦，夹在烧饼里一按咔喳一声。离开北平的人没有不想念那种油鬼的。"

其实，北京几十年前就有了长条状的油条。北京还有一种油饼，可以说是油条的变种，到今天上海也还没有。

油饼，顾名思义，是介于油条和大饼之间的食品。是油条与大饼的合二而一。做油饼的食材，其实和做油条的没什么不同，只是量要多些。把用油和成的面团擀成方形，在中间划两刀，但是不能划到底，不然成了两半。放油锅里炸，不能过火，形成外焦里嫩，很是可口。老北京人吃这种油饼用不着就油条吃，多与豆浆同食。

喝豆汁儿，是上个世纪五六十年代老北京常见的风景。今天，已经没有这种喝豆汁儿的氛围了。想喝豆汁儿得去大排档或者食品街。只是，那种生机勃勃的、热热闹闹的胡同气氛没有了。身边的食客是个陌生人，有什么可聊的呢？纵然说上几句，恐怕也是话不投机半句多吧。

还是有人抱怨说，吃，成了老北京人如今的一大痛处。以前，北京爷们儿爱吃的馆子，要么因房租太贵，倒闭了，要么就彻底商业化，开了无数分店，味道变差了，价格反而贵了不少。从前北京的早点，油饼、炒肝、焦圈、豆汁儿，已经走样。你现在想吃一碗正宗的炒肝，比找一家鹅肝店还难。以前的早餐店纷纷关门，被麦当劳和肯德基取而代之。于是，上班族，不吃早点简直成了共识。

去年回北京，在和平里一带，看到不少小吃店，早上上班族熙来攘往，热气腾腾，很多传统小吃，粉墨登场。要说，北京的烧饼、油条、炒肝、爆肚儿都已经退出人们的视野，是不是有些夸张？

要说，北京的豆汁儿，渐渐退出人们的视野，划入另册，我是相信的。

冰棍儿，败火

夏天，廉价的饮料还有冰棍儿。北京人叫冰棍儿，天津人叫冰棒，上海人则叫棒冰。北京的叫法形象，最直接。

北京卖冰棍儿的多是老大妈老太太。她们推一辆小木头车，四个车轮特别小，车上放一个木头箱子，里面就放着冰棍儿。有的箱子，还裹着脏兮兮的棉被，用来隔热。有的小木箱子上画一只北极熊，表示为正宗厂家代销，属于嫡系。

卖冰棍儿的老太太这样吆喝："冰棍儿，败火！败火的冰棍儿。"后来，觉得这样吆喝不科学，不吆喝败火了，吆喝成："冰棍儿，奶油的，奶油冰棍儿。"

其实，奶油冰棍儿并非奶油做成，并不好吃。孩子们最喜欢吃红果的，常常拿出钱递给卖冰棍儿的说，来两根红果的。那位老太太会说，红果的卖完了，有奶油的。

可见红果的受欢迎。

红果，其实就是山楂。北京人这样称呼它，显得文雅，抬高了山楂的身价。

用山楂做成的冰棍儿，甜酸可口，颇受青睐。一根冰棍儿两分钱，孩子们都买得起。

上海的棒冰也是这个价。不过上海没有红果的，有一种绿豆的很受欢迎。

绿豆棒冰北京也没有。

六七十年代，上海的绿豆棒冰货真价实，真是绿豆浆制成。下面是淡绿色的，头上还有一颗颗小小的冰绿豆，吃起来格外有趣。这几年，仍旧是绿豆棒冰，头上却没有冰绿豆了。想来，做棒冰的厂家受到各种饮料的冲击，不得不减少工序。工序简化了，绿豆棒冰也不那么受欢迎了。

原先，上海卖棒冰的小贩一只木箱挎在腰间，手持木块，敲打木箱，代替吆喝。这是上海滩一道独特风景。近几年，街头已没有这样的小贩。

另一种冷食，北京人叫冰板。那是更简陋的东西，只有在北京小胡同的小吃摊上才能见到。原料是山楂和糖精，味道是不错的，但不卫生。如果不是在胡同里滚大的老北京，知道的人怕是不多的。

吃冰棍儿，是一种享受，有时，也会五味杂陈。

"三年困难时期"，人们总有饥饿感。

我读大学时，正赶上这个时期。吃过饭，还没有怎么抡胳膊伸腿，又饥肠辘辘了。当时，除了高价糕点不要粮票，就只有冰棍儿了。高价糕点，当然是望尘莫及，饿极时，就买支冰棍儿充饥。大冬天，冰棍儿下肚，又好受又难受。

有时，实在饥饿难忍，又不想吃冰棍儿，就约上两三个同学去小饭馆里吃两个小面饼。

那时候，北京电影学院还在新街口外旧址。下了课，我们从豁口溜到新街口附近的一家小吃店。

那家小店也实在寒碜,三五张没有漆过的木桌摆在水泥地面上,涂石灰的墙面被烟火熏得黑乎乎的。墙面上,用作装饰的一张很伟大的宣传画被人撕去一角,店主也视而不见。小店只卖猪头肉、炒豆角和盐水花生的廉价菜,但是它的面食做得很好吃,尤其是那种小面饼。面饼也是要粮票的,三分钱一个,我们还算吃得起。面饼上桌,就着饭桌上的米醋,顿时觉得肚子里充实不少。

我们每次光临小店,店里的米醋就被扫荡一空。开始几次,小店饭桌上布置的东西还算如常,后来,我们大驾光临,几个桌上的米醋就都不见了踪影,只剩下齁咸的酱油和胡椒面了。

到了上世纪七十年代,粮食不那么紧张了。可是,农村为了学大寨,除了粮食作物,瓜果种得很少。

在上海也是这样。

有几年夏天,上海买不到西瓜,只有发烧的病人且有医院证明才有少量供应。平头百姓,每月只发几斤西瓜票,小户人家,一个月吃上一两只西瓜就算不错。

当时,淮海路常熟路口有家富丽堂皇的理发店,原先有个好听的名字叫红玫瑰,"文革"时,把"玫瑰"革掉,改名为"反帝"。

理发店旁边有个大弄堂,那里有家水果店,时不时会供应不要票的西瓜。每当"利好消息"传来,大家就拿着锅碗过去,大吃一顿,顺便还能带回一锅子西瓜瓤。瓜瓤味道并不好,那是为了要西瓜籽的品种。瓜瓤不甜的也是西瓜呀。

那时候,上海的西瓜难买,别的冷饮不缺。光明牌的汽水、冰霜、冰激凌,应有尽有。卖冰霜的店很少,为了吃一次,要骑自行车跑半个小时，才能找到一家。骑得满头大汗，一杯冰霜下肚，如同一首诗，需要细细品味。

有一种简装的中冰砖最受欢迎，味道好，量大，价格便宜。用当下的词汇是性价比高。草莓上市时节，若是买到较酸的草莓，不妨买一块中冰砖与草莓合吃，酸甜里透着果香，如果再加上一点朗姆酒，简直是绝配。

现在常常听到这样一句："还是那个味。"

那个味，是味里有味的。

儿时的事物，青少年的记忆，总是让人魂牵梦绕，难以割舍。因为，那时候的我们，带着许多梦想，带着许多憧憬，带着许多希冀，带着丰富色彩。而这些色彩，会在岁月里淡化，在琐碎事务里变质，变得不那么鲜艳。但，那个味道，却伴随着我们，走过年年岁岁而历久弥新。

从小吃说开去

上海的夜晚,早先,有卖夜宵的走街串巷。"笃笃笃,卖糖粥",孩子们一听就知道卖糖粥的来了。北京的夜晚,有卖清水萝卜的,也是在胡同里转悠的流动小贩。这种萝卜,红心绿皮,水多,不辣,专供人们生吃。有个不错的雅号,叫"心里美"。

北京的冬夜,寒风呼啸而过的时候,从胡同的远处传来吆喝:"清水萝卜,萝卜赛梨咪!"等你走出大门,卖萝卜的也到了门口。卖清水萝卜的吆喝声,很清脆,很甜美,在夜色中传得很远。让人联想到,那些小贩是吃清水萝卜吃的。

挑好萝卜,小贩会帮你擦干净,用锋利的尖刀削皮,皮削得仅与萝卜根部连着一点点,不能掉下来。皮削好之后,再把萝卜心垂直削上几刀,形成十来块长方条,萝卜条也要与萝卜的根部相连。这时候,加工才算完成。你掰开其中的一条,咬上一口,喀嘣脆,清凉而微甜,那叫一个爽。

俗话说,冬吃萝卜夏吃姜。北京冬天的夜里,寂静而凄冷。朔风扫过,黝黯狭窄胡同,路灯也无精打采的。这时候,一家人团坐在火炉边,闲聊着,吃着透心凉而有些甜咪咪的水萝卜,是一种享受。

给我印象颇深的,是卖铁蚕豆的。这种零食,在上海没有见过。铁蚕豆,顾名思义,是"铁"字当先,是极难嚼的。牙口不好的人,想吃而不得。年轻人,钢牙利嘴,吃起来,那叫一个香。小贩们,很有商业意识,为了照顾牙口不好的,还有一种开花的铁蚕豆,可以轻易咬开,味道似乎比"铁"的稍差。铁蚕豆有甜咸两种,在寒夜的北京城里,颇受欢迎。也许,这种零食赢利太低,到了六十年代,已经不大有卖铁蚕豆的小贩了。

上海卖的山核桃,也需要好的牙口。能吃的人,吃起来,是爱不释手。这个,北京也没有。

上海弄堂里,夜晚有卖小馄饨的,北京没有;北京有卖芸豆饼的,上海似乎也没有。北京卖豌豆黄的,卖驴打滚的,卖艾窝窝的,有些上海人都没有听说过。上海的油豆腐线粉汤,酒酿小圆子,百页包油面筋双档,北京人似乎也极少听说。各地的小吃,各具特色,才使得我们的生活丰富多彩。

现在这种走街串巷的小贩很少见了,要吃夜宵就得上小吃街,或者大排档。也难怪,现在住高楼大厦的居民多,小贩吆喝起来费劲多了。北京的食品街如今是南北合流,卖北京小吃的有之,卖上海小笼包子的有之,卖广州烧鹅的亦有之。大排档上更是五花八门,四方杂处。有一次去逛北京王府井大街,见到一个胡同里的小吃排档,竟然有卖什么"尿"肉丸的。名字听起来就很吓人,吃的人竟然不少。

如今的大排档,北京和上海大同小异,两地,几无区别。都卖些烤肉串、酸辣汤、小龙虾、蒸小笼、煎锅贴之类,地方特色大大减弱。

夜间的大排档,烟熏火燎,人声嘈杂,晃动的灯火,炸鸡的香气,组成没有节奏的交响。顾客以年轻人为主,麻辣烫、烤串、炸鸡腿之类,几乎南北合流,不分彼此。奇怪的是,二三十年前,上海人并不吃辣,今天,新上海人好这一口,土生土长的年轻上海人,不知哪根筋搭牢,也吃起辣味食物。遇到一个女孩,问及吃辣的事,她竟然说,吃辣,是一种时尚,"上了贼船",会上瘾,一两天不吃辣,像是没有吃饭。

我被吓了一跳。

听一位在我国留学的尼泊尔青年说,虽然中国菜很好吃,但是,他更留恋咖喱。毕竟,用咖喱做的中国菜不多。

口味这事儿,是大有学问的。

很多年前,就听说四川成都的"夫妻肺片"很有名,不知是怎样的食品。吃过,才知道是怎么一回事。据说,有些老外从不敢在四川吃夫妻肺片,以为那是用夫妻二人的肺做成的,形同吃人肉。

夫妻肺片、天津狗不理包子、上海南翔小笼等小吃,都富特色,绝不会与别样混同。

这些小吃,翻译给老外听,要大大地费一番口舌,翻译成文更要大伤脑筋。就像北京的艾窝窝、上海的双档,说出来龙去脉,都不容易。

上海的老城隍庙,有一只专卖南翔小笼包的饭店,门口总是排着长队,等候半天,才能买上十个八个小笼包。队伍里还有不少老外。老外游上海滩,老城隍庙,也就是豫园商城,是必到的旅游点。品尝南翔小笼包,似乎也是"必修的科目"。

其实,南翔小笼的出生地不在老城隍庙,而在上海郊区的南翔镇。但是在那里买小笼的,多是本地顾客,并没有多少外地游客。

有一句俗语说,城墙上放"高升",名声在外。外面名声大了,反倒是里面被忽略了。有趣。

不一样的饮食体现着不一样的时代。读者在文学作品里,经常会与饮食描写相遇。

文学作品中的饮食描写,起到见微知著的作用。虽说,小说以写人为使命,然而,人与食物密不可分。什么时代的人,什么阶层的人,什么地域的人,什么性格的人,吃的东西,自然是不同的。《水浒传》的梁山好汉,大碗喝酒,大块吃肉,人物也就放荡不羁、豪爽侠义;卖人肉包子,只能由孙二娘去经营,燕青、林冲等人,哪儿凉快哪儿待着去。文学经典《红楼梦》,比较全面反映了中国十八世纪上层社会生活的方方面面。饮食的描写,更是出神入化:莲叶羹、茄鲞的烹制,烤鹿肉的独特吃法,投射出那个时代公子王孙的奢靡,让读者见识了别样的生活。

物资匮乏时期,北方农村经常说的"糠菜半年粮",今天的年轻人大约就不知所云。"十年动乱"时,每到年节,为着向革命群众进行"阶级教育",会组织大家吃"忆苦饭"。这个"忆苦饭",今天的年轻一代恐怕也知之甚少了。

我在"五七"干校期间,就十分荣幸地品尝过一次"忆苦饭"。

快到春节了,忽然传出,今年的春节不能回上海,要在干校"过一个革命化的春节"。消息一出,全校哗然。有人悄悄嘀咕,这是哪个想出来的阴招,这家伙生的孩子肯定没屁眼儿。后来又说,大家可以回上海过节,但是,在干校要吃一顿"忆苦饭"。

小意思，那就吃吧。

不过，厨师为难了：忆苦饭怎么做呢？请教了当地贫农，没有准确答案，他们也没有吃过。厨师几个人商量半天，还是做成了。于是，我们吃了一顿用豆腐渣加谷糠做的"忆苦饭"，开开心心回家过年去了。

在打砸抢最疯狂的时期，造反派用"忆苦饭"整苦了一些老艺术家。

造反派问老艺术家："忆苦饭好不好吃？"

老人为了表现"政治觉悟"，违心地连连说："好吃，好吃。"

造反派冷笑："好吃？那就多吃一碗！"

造反派再问第二人，老艺术家说："不好吃。"

造反派回说："不好吃，说明你的立场没有转变，必须多吃一碗。"

轮到第三位，回答道："革命小将，忆苦饭确实不好吃，但是，为了提高我的觉悟，我应该吃。"

造反派灰溜溜，无言以对。

这是当年我们上海电影制片厂的真实故事。

大碗茶漫笔

有一年，中央电视台的春节晚会上，演员刘晓庆唱了一首歌曲《前门情思大碗茶》。

舞台上，刘晓庆女扮男装，穿一件长袍，上身罩件马褂，人物造型就让人回想到民国初期。舞台的衬景是北京前门箭楼。看上去，一位民国时代的翩翩少年正在前门大街上游逛。几十年过去，这位久经沧桑的人物，回归故地，忆及往事，让他魂牵梦萦的是那个大碗茶。

歌曲这样唱道："那灰色的年华，吃一串冰糖葫芦就算过节。一日三餐，窝头咸菜就着一口大碗茶。世上的饮料有千百种，也许它最廉价，它醇厚的香味，饱含着泪花。"

是的，大碗茶是最廉价的饮料，也是最有北京特色的。在那灰色年代，大碗茶是骆驼祥子们喝的，工薪阶层，公子少爷们是从不问津的。说它有醇厚的香味，是祥子们的感觉吧。

六七十年代的北京，街头巷尾已经很少见到大碗茶了。改革开放之后，形形色色的饮料涌上市场，大碗茶被挤到一边。不知什么时候，人们怀旧情思上来，大碗茶又成了好东西。

大碗茶并不那么醇香。

旧时北京，在小街和胡同口上，都可以见到卖大碗茶的。

茶摊摆在树荫下，一张破旧的木桌，两条木头板凳，木桌上摆十来个粗瓷海碗，稍微讲究些的用纱布罩着，有的，干脆就晾在桌子上。大海碗旁边，有一个硕大的粗陶茶壶，多是灰绿色的。茶壶里盛着凉茶水，有人来买，摊主给你倒上一大碗，管够。那碗茶，只卖一分旧币，就是现在的一块钱。为了摊低成本，摊主用的茶叶是最廉价的，据说有的还用所谓的二道茶叶，也就是人家沏过的茶叶，他收集来晒干，再来泡茶，茶水的滋味可想而知。

说大碗茶解渴，倒确实不假。

盛夏之际，酷日当空，夏蝉叫个不停。这时候，一位拉洋车（上海人称为黄包车）的，刚刚拉了一位客人，跑了几里路，累得汗流浃背，正看到槐树下的茶摊，喝上一碗大碗茶，不是又解渴又解乏吗？

大碗茶属于旧时的劳苦大众，今天，人们喝大碗茶不过好奇而已。

逝者如斯，昨日永不再来。今天的大碗茶已经改良，与昨日不同了。

上海没有京式大碗茶。

我见过一种倒在玻璃杯里的凉茶：小摊上摆四五个玻璃杯，里面盛着大麦茶、菊花茶，玻璃杯上面还盖着一块方形的薄玻璃，茶也是很便宜的。我曾经问过一位年轻朋友，他肯定地说，上海也有大碗茶的。

现在还有吗？

当然是这几年。

他还说，前几年，我们读高中时，班上有调皮同学，拿一块钱买一碗大碗茶，喝完对摊主说，钱不用找了。我被逗笑了。但忘了问他上海大碗茶具体形状，估计是没有那种粗瓷海碗的。

上海人不像北京人那么"糙"。

前两年，看到一幅清末民初的老照片。照片早已泛黄，形象不甚清晰。其中一幅，文字标明是北京大碗茶茶摊。画面中央，赫然有一只硕大的壶，壶的四周还放着瓷碗。细细一看，那个大壶不对。它不是陶瓷的，而是光闪闪的铜壶，壶嘴上，还有一对彩带编织的"龙须"，分明是卖茶汤的用具。

老北京卖茶汤的小贩，比起卖大碗茶的要高档一些。首先要有一套精致的炊具，也就是那把硕大的铜壶。那壶是纯铜打制，壶的四周烧开水，下方开一个口，可以烧木炭。有些像俄罗斯的茶炊，只是比茶炊要大许多。铜壶总是擦得油光锃亮、一尘不染。卖茶汤的小贩就靠着它招徕顾客。

这种小贩经营两种小吃，一是茶汤，二是油茶。都是把面粉炒熟，放入桂花、杏仁粉、白糖等调料，用开水冲成糊状，即成。两种小吃味道相去不远，油茶多一些油而已。

比大碗茶更"廉价"的，当然是沙滤水。它是不要钱的。现在一些发达国家，自来水都可以直接饮用，在此之前，欧洲的一些街头，设置直接饮用的沙滤水。在我国的一些城市也有这样的设施，供行人在口渴而又一时买不到饮料时饮用。

有一回，我们去意大利罗马旅游，见识了那里的沙滤水。

那天，是个多云的早上，罗马斗兽场一带古树参天，轻风吹拂，放眼四望，处处是宏伟的建筑遗迹。游人们各个兴高采烈。我们拜访古罗马神庙，参观卡拉卡拉浴场，在罗马集市的废墟上想象着昔日的繁华，在斗兽场里抚摸经年风化的石墙。不知不觉到了中午，忽然太阳出来了。广场上，骤然热浪滚滚，暑气蒸人。树荫下立即挤满了游人，两家冷饮店顷刻间排起了买饮料的长队。

饮料很快就供应不上了。

无可奈何，我们只好去喝沙滤水。不想，罗马的天然水质与我们上海的相去甚远。喝下去，立刻觉得异样，加上酷热的气温，浑身不舒服。这时候，我忽然想到了那首《前门情思大碗茶》。

大碗茶呀，那时候，有一碗大碗茶该有多好。那不是，久旱逢甘霖？那不是，失恋的傻小子，重见心仪的姑娘？

在那个酷热的中午，大碗茶找不到，连可口可乐都供不应求。

现在，我国大小城市，可口可乐和汉堡包是孩子们的最爱。人们都知道，常喝可口可乐对健康不利。孩子们任性，家长明知利害，却对自己的宝贝听之任之。结果，不少小孩体重超标。

厉害了，我们的宝贝。

有一段时期，在我国舞台和银幕上，为了表现旧时半殖民地的国情，在街头，常会出现可口可乐的广告标识。这种思维定式，延续了几十年。在市场上，可口可乐也就消失了几十年，到了1979年，可口可乐才重返中国。

那个标志性的饮料瓶和红白相间的LOGO，依然如同以往。

名牌老店，牌子一直不倒。

不像我们的老店那样大起大落。

今天，越来越多的人知道清茶才是理想的饮料。域外民族也这样认为。

在国家历史博物馆里,有一个展柜,陈列着卖大碗茶的用具。几个年轻女孩,在展柜前,叽叽喳喳议论着。她们也许不知道,那种粗瓷海碗,那种粗陶茶壶,在几十年前的北京,是随处可见的。

过往,人们司空见惯的东西,今天孩子们如同看西洋镜一般。时光就这样悄悄流过。

光阴不舍昼夜地推进,大碗茶渐渐走进历史。我们民族喝茶的习惯却是永久长存的。

大碗茶呀,乡愁呀,怀旧呀,偶尔来来可以,别太当真。一个人,一个民族,总是往后看,大约没有出息了。

闲聊茶饮

有一次，去法国南部旅游，我们徘徊于卢瓦尔河谷，看迷人的薰衣草；畅游阿维尼翁，感受毕加索的色彩，最后来到了城中之国的摩纳哥。

赌场我们是不敢去的，也去不起，那是顶级富豪一掷千金的地方。

赌场外面的风光，才是温暖的风光。

那里的建筑，色彩华丽，风格奇特，最是令人迷醉。

在精美幽静的街头游荡时，不意间，看到一处别致的小咖啡馆，就坐了下来。咖啡馆设在一座华美大楼的底层，精致的桌椅摆在室外窗下，门前、窗边鲜花争艳，米色的遮阳伞投下柔和的光束，店招在微风里轻轻摇晃着。

环境优雅，暖风轻唱，小铃铛发出清脆的声响，优哉，优哉。

我们边喝咖啡，边看人家的风景，那是一种少有的惬意。

欧洲小城的街边，随处可见大大小小的咖啡座。座边摆设着鲜花，侍者衣着体面，咖啡具精巧别致。人们一坐就是半天，或看异地游客，或一书在手，或者就坐在那里发呆。坐客们总是低低细语，很少有大声喧哗的,很少有打牌下棋的。

这与我国的茶馆文化,迥然不同。

我们的平民茶馆,热闹,喧哗,大声呼喊,热情地跟邻人打招呼。有人拿来录音机,放两首流行歌曲,也不会有人出来干涉。北京有些规模的茶馆,会有大鼓、单弦、相声的演出,上海滩上,多是演出苏州评弹。总之,这是熟人的天地,是热气腾腾的公共场所。不足的是,这里是不会有个人空间的,是不能让一个人的心灵暂时平静下来的。

近年一个常用语:岁月静好。要想岁月静好,千万别去茶馆。

都说,英文的"中国"一词,与汉语的"茶"谐音。

茶的故乡是中国。

云雾、晨烟、溪流、峡谷,多彩多姿的地形,四季更迭的气候,孕育了色彩斑斓的香茶。红茶、绿茶、黄茶、青茶、白茶、黑茶,我不知道有没有蓝茶、紫茶。或烘焙,或翻炒,或发酵,或生晒,陆羽的子孙,世世代代,探索着制茶技艺。大红袍、碧螺春、竹叶青、铁观音,这清香的别样文化,从深山,走向平原,从山谷,走向海湾,走向了世界。

茶的故乡是中国,我们很自豪了许久,可是锡兰红茶却是比我们的有名。就像旧中国,我们说,火药是我们祖先发明的,但是人家的枪炮比我们的厉害。

这些年,每每提及抗癌防癌,必然提到饮茶。

不错,我国是第一产茶大国,但是,饮茶大国的排序却是:土耳其、爱尔兰、英国、俄罗斯……德国……乌克兰、中国。中国排在第十九位。

改革开放之后,日本的"茶道"在我们的城市里大行其道,有人说,那是从我国传过去的。

还是说说我们土生土长的茶馆吧。

北京的茶馆,在老舍先生的大作里,知道很多了;上海旧时茶馆的景况,也常在文章中见到。

民国年间,北京四九城里,遗老遗少们,架着鸟笼来到茶馆,一坐就是半天。这些人一无所长,没有就业技能,多是好吃懒做的主儿,泡茶馆算是正事儿。清朝覆灭之后,肩不能扛,手不能提的资深"娘炮",又能干什么呢?只能靠卖家当为生,奢靡惯了,很快把家败光。他们泡茶馆,表示着二爷我还在,是打肿脸充胖子的行为。

地域的差异,气候的不同,习惯的承继,造成南北茶馆的差别。相同的是,各地茶馆都有高低之分,如人群,分三六九等。

改革开放之前,茶馆的等级淡化,成了清一色的平民茶馆。

有一回我们在上海肇嘉浜拍纪录片,在打浦桥一带就拜访到这样一家。

茶馆里热气腾腾,一壶茶几分钱、一毛钱。茶桌上的香瓜子、五香豆、花生米、芝麻糖都是极便宜的。多是退休的工人师傅在那里谈天说地。一盒飞马牌香烟打开,几个人随便抽,一边抽着廉价香烟,一边低语高声地"嘎山湖"。上海话夹杂着发音不准的普通话,有时还会冒出一两句"洋泾浜英语"。那是正宗上海平民的语境,是上海人原汁原味的生存状态。

我在奉贤搞"四清"时,见过更有乡土味的茶馆。

小街的十字路口,一座古朴的平房安详地站在那里。房屋范围不小,漆黑的木头柱,有些倾斜,支撑着黑乎乎的天花板。屋子里和廊子下头坐满了公社社员,多是老年人,有的系着老布缝制的裙子。老早听说,江浙一带的老农民是穿裙子的,我将信将疑,现在得见,果然。这种裙子不同于女士们的百褶裙、喇叭裙、直筒裙之类,而是一条一米宽、近二米长的粗布(又称老布),围在腰间,防备腿部受凉。裙布是用传统织布机以棉线织成,布上有深浅不一的线条,可称为不错的工艺品。

这种裙子,在江浙一带的农村,如今也很少见到了。

从室外走进屋内,须等片刻,才能看清屋里的形状:漆黑的房梁下,横着几根竹竿,挂两三只鸟笼,还晾着店主洗净的衣物。屋子一角是个硕大的老虎灶,灶台蒸气弥漫,灶下炉火闪烁。茶客们抽着劣质香烟,不停地咳嗽着。长烟袋里冒着青烟,袅袅直上屋顶,把漆黑的屋顶"涂"成深灰。有时,一个老妈妈前来泡开水,便与茶客说上两句。人们操着方言,有一搭没一搭地说着什么,我一句也没有听懂。看那情绪,他们是悠闲的、快乐的、自足的。

到了秋忙之后,茶馆里的顾客更加多了。

三四十年过去,随着浦东的开发,这条小街恐怕也云消雨散了。小茶馆,也就随着大潮,消逝在历史的尘埃里了。如果,幸存下来,将会是一个不错的旅游点。

那时候的小茶馆,就像今天年轻人眼中的网吧。只是,前者是人与人的对话,后者,是人机对话。

现在,这样的茶馆在上海已不多见。平民茶馆据说在成都一带还是普遍的。这与当地人的生活习惯、处世态度有关。

今天,京沪两地的茶馆,都想着朝高端消费靠拢,尤其在旅游点上。

江浙一带的风光小镇,都可以看到大小不一的茶馆,多取复古风格。室内布置得古色古香,精致的碎花木质长窗,雕梁画栋,仿古的硬木家具,考究的茶具。高档一点的,设有小而精的舞台,请评弹演员演出,茶客可以自点曲目,清音萦绕、弦管悠扬,自然是另外收费的。

有一次,我们去苏州观前街,进得一家茶馆。里面的设备高雅,茶的品位亦属一流。只是,那两位苏州评弹演员,唱功欠佳,却不断让茶客点曲子,只知道要钱。钞票确实会滚滚而来:细细观察,可以看到不时有导游带旅游团进来,多是港台旅游者。他们大多只坐片刻,点了曲目,听上两三句,就离开。过了不一会,又会有另一个旅游团驾到。

导游与茶馆老板合作得很是默契。

在茶馆里,可以看到生活中真实的活剧。这场"演出",恐怕比台上的评弹表演还要精彩。

上海人喜欢龙井、碧螺春之类的绿茶,北京人喜欢花茶,尤其是茉莉花茶。

茉莉花茶,是用绿茶放入茉莉花慢慢熏制而成。茶有高低之分,优质的,几千元一斤,低档的只一两百元。

等级悬殊,如同人类社会。

一次,在北京乘出租车,司机与我聊起北京人喝茶的种种门道。他说,喝"高末",其实最实惠。因为,高末仅是形状不好看。几千元一斤的茶叶,也会有茶叶末的,也就是所谓的高末。买这种高末,只有几十元一斤,岂不是很划算。

我将信将疑。不过，老舍先生《茶馆》里的落魄人物，喝的就是高末。那些遗老遗少，知道"高末"的妙处？

说起来，那几千元一斤的茶叶与一两百元一斤的相比较，味道真的好上几十倍吗？

前几年，福建一带的红茶，如金骏眉、正山小种，动辄就卖几万元一斤。

如同前些年炒作君子兰一样，人们会有很多奇怪想法。在这些离奇价格的背后，可有猫腻？

喝茶与孵茶馆是两种行为。

喝茶为了解渴、品茗，孵茶馆，不在品茶，而在聊天、发呆、消磨时光。

会议设酒会，公司有茶歇，青年白领热衷英式下午茶，退休工人们"孵"平民茶馆。说是"孵"平民茶馆的幸福指数最高。

广东福建一带讲究"工夫茶"，其妙处，只可意会不可言传。

有一次，我实实在在认识了"工夫茶"。

改革开放初期，我们《夏日的期待》剧组的创作人员去福建一带找外景。时值盛夏，汽车在农村小路上颠簸着，车里没有空调，我们坐在车里又热又渴。

到了一户人家，知道是拍电影的，非常热情地招呼我们。主人让我们坐在通风的堂屋，然后郑重其事地准备起工夫茶。主人端出一副精致茶具：一个瓷茶盘，盘上一只精巧的小茶壶和七八个小茶盅，茶盅口径不足五公分。他把水烧开，围着茶盘淋上一圈，把茶盅茶壶浇热。然后在小茶壶里塞满茶叶，把煮好的水倒进茶壶，又把壶中的茶水全部倒掉，这叫洗茶，而后，才正式沏茶。

在这个过程里，我们有两位同事悄悄说，这个小茶壶，这点茶，一个人都解不了渴呀。

工夫茶总算做好，主人把茶一一倒入茶盅，送到我们面前。大家迫不及待地一饮而尽，心里嘀咕，得喝多少碗呀。

不料，奇迹出现，我们这些渴得嗓子眼冒烟的一群家伙，只喝了三四盅，便觉得口含清香，不渴不燥，浑身透着一个爽字。第一次喝正宗的南方工夫茶，真的知道了它的妙处。

旧日的上海滩，有"吃讲茶"习俗，茶馆就是谈判场所。

那时候的茶馆，是三教九流出没的场所。除了茶客，还有卖香烟的姑娘，卖鲜花的女孩，唾沫横飞的说书先生，神乎其神的算命大师。除了这些人，经常会有"白相人"和黑道人物出没。他们作为调解人，把争执双方，"请"到茶馆，边喝茶边评理。"讲开"，握手言和；谈判不成，将茶杯扣放，双方继续结着"梁子"，恨恨而去。

"吃讲茶"并非黑道专利，民间的经济纠纷、儿女婚姻、邻里矛盾，也有用"吃讲茶"方式处理。

北京大约没有"吃讲茶"的风俗，即使有，在新中国成立以后也销声匿迹。至少我在北京生活了二十几年，没有听说过。

下乡吃大锅饭

我于1959年秋考入北京电影学院，正值建国十年大庆。热热闹闹过完国庆节，全校就去参加修建密云水库的劳动。转年，国庆节后，我们又去下乡，帮助人民公社社员秋收去了。

去的地方是北京郊区房山县立教村。仲秋季节，金风送爽，云淡天高，开进村庄时，下起了毛毛雨。按照事先安排，大家还是聚在谷场上，和人民公社社员举行联欢。

那年，我们北京电影学院只有四个系：导演系、演员系、摄影系和美术系。联欢演出，当仁不让地落在导演系和演员系同学们头上。他们很争气，准备了个把小时就有了十来个节目，有舞蹈、快板、小合唱、手风琴独奏等等。社员们也演出了不错的小节目。

几十年过去，节目内容早已忘却，唯独一个诗朗诵的节目让同学们印象深刻。

那是表演系一年级的女同学，她走到场子中央，大方地说了几句表示感谢社员的话，然后拿出一张纸说，我给大家朗诵一首我写的诗。开始几句还不错，正当人们洗耳恭听时，她忽然说了一句："牛毛细雨哗哗下……"

一下子，人们笑喷了。

这个有趣的小事，给我们这次下乡，增加了乐趣，大家为此谈笑了好几天。

立教村十分美丽，如北国江南，远山近水，地势高低错落。秋意渐浓，常青树变得苍绿，落叶林则染上金黄，地里的谷穗绿中透红，棉田里，苍绿间裹着云朵般的棉桃。这一切，都很适合入画。只是房屋是土坯房，不像江南水乡的白墙黛瓦。

我们的美术专业老师一眼看中了这个小村庄，下乡劳动结束不久，便带着我们班，再次来到那里，专程进行风景写生训练。

在村里我们画了不少美丽的风景油画，回来总结时，还受到系里的表扬。

那次下乡写生，发生了一些有趣的事。

其一是住处：我们班男同学有二十个，为了不再打扰社员，全班男同学一起住在一座废弃的教堂里。那是一座简陋的天主教教堂，不是哥特式建筑风格，更没有精美的装饰和祭坛。那只是一间大房子，比一般农舍略高，窗户做成哥特式的样子，墙上的宗教画早已毁坏，斑驳陆离，显得有些恐怖。

到了晚上，大伙展开行李打地铺，一个挨一个地躺下，挤来挤去。

调皮的同学说，半夜一定有魔鬼出来，就像墙上画的那样，张着黑色的翅膀飞来飞去；那个死神的镰刀也不是吃素的。大伙听了勉强笑了笑，嘴上强硬地反驳他，心里却在打鼓。有两个冒充胆大的还说，魔鬼出来，我给他画一张像。团支部书记说，不要乱说啦，我们是唯物主义者，哪里有什么魔鬼死神的。

于是，大家乖乖睡觉。

睡到后半夜，大伙的胆量就受到了考验。

这座教堂，虽然"入乡随俗"，没有了哥特式建筑，但为了造成神秘效果，在教堂门外，建了一条长长窄窄的胡同，胡同两边是高高的石墙，墙外是郁郁葱葱的树林。近百米的胡同，没有一盏路灯，整个气氛是森严窒息的。夜里如果要想方便，必须穿过这条窄小胡同，才能到一个简陋的茅房。上半夜，有的同学想去方便，还可以拉着要好同学一起去；但是，到了后半夜，人困马乏，有人内急，就只好硬着头皮，单枪匹马去"远征"了。

第二天早上，大伙发现，出了教堂门口不到十几步，就有尿臊气散发出来。不几天，小胡同一片异味，那段石墙的墙根更是异味冲天。村里的老乡们自然把情况反映了上去，老师不得不下达彻底打扫卫生的命令。

无神论的教育已经不少，遇到真格的，就会掉链子。

另一件事也让我们说道了好久。中秋节前一天，村里的领导向老师提出，想与我们联欢。我们大伙早就有这个意思，双方当然是一拍即合。

别看我们学的是美术，班上却有几个活跃分子，吹拉弹唱样样拿得起来，有了这样一个机会，自然要施展一下身手。我们同学李前宽、张金标，后来都成了名导演，当时，他们就很有一套。

于是，我们积极准备起来。

与此同时，还有一位也在忙活，就是随我们来的厨师马师傅。我们来到立教村，为了不给生产队里添麻烦，学院特意从校食堂抽调马师傅给大伙烧饭。马师傅是山东人，菜烧得好，为人也厚道。

看到我们成天在外面写生，一个个弄得泥猴似的，就想趁中秋节，烧几个好菜犒劳犒劳大伙。马师傅果然身手不凡，自己做了月饼，烧了鱼肉，还特意做了一只冬瓜盅。冬瓜盅，很多同学都没有吃过，自然是一抢而光。

马师傅一边看着开心，一边心里又犯嘀咕，一再问我们，演节目你们行吗？我们只是笑而不答。

入夜，人们在打谷场上摆上木凳、砖头，从仓库里拉出一排排电灯，场的四周，点上四盏马灯，把整个谷场照得通亮。

联欢会开始了。主持人刚宣布联欢会的第一个节目，忽然跳出一位"不速之客"，大伙定睛一看，却是我们的厨师老马师傅。他环视了一下全场，一本正经地说："我们来的学生，是电影学院的，电影学院是电影学院，可他们不会演电影，他们是画画的，节目也……大伙将就着看吧。"几句话引起大家一阵哄笑。我们也学着马师傅的山东腔，不停地起哄："他们是画画的。""他们是画画的。"

在笑声中，节目一个接着一个：村里社员的京剧清唱、评剧合唱与二胡演奏都很有水平。我们的小合唱，现编的相声，都引起阵阵掌声。马师傅在下边也看呆了。

回到学院不久，全院举办了一次文艺会演。我们班演出的日本舞蹈《拉网小调》，居然胜过表演系、导演系和摄影系，夺得演出第一名。当然，这里有鼓励的成分。后来，我们偶然遇到马师傅，都会学着他的山东腔说："他们是画画的。"马师傅会笑笑说："什么时候再给你们做冬瓜盅吃。"

这样的机会再也没有过。如果马师傅还健在的话，恐怕这位善良的老山东要有九十多岁了。

下乡趣事

"大跃进"时,中学生也不消停,一会大炼钢铁,一会打麻雀,一会又下乡支农。高中三年级开学不久,我们又下乡去帮助社员秋耕。

当时的口号是,人有多大胆,地有多大产。牛皮吹上天。到头来,吹牛皮的干部吃了苦头。

1958年秋,虚妄的繁荣还没有过去,人们仍旧在夸夸其谈。当时有人提出了荒唐的说法:深翻地。说是,土地翻得越深,粮食产得越高。于是,我们中学生就雄赳赳地开进村子,帮助农民深翻地去了。所谓深挖地,就是把田地的土挖松。松到什么程度呢?要一人多深。我们用铁镐头先把土地刨松,然后把松土用铁铲一层一层铲到田埂边,等挖到一人多深,再把松土填回。说是经过这样处理,土地高产,一点问题没有。

当地老农民听我们来干这个事,一个个目瞪口呆。他们知道,土地深翻之后,把生土翻到上面,而把有养料的熟土翻到下面,不仅不会增产,反而会适得其反。老农民知道这个理,但是不敢讲,听任我们瞎折腾。这个道理,我们当然不懂,以为是在干好事,一个个翻得不亦乐乎，到后来，我们把地翻得有两米多深。

农民看在眼里，眼泪流在心里。我们傻学生浑然不知，每天干完"好事"心情大悦，排着队，唱着歌走回住地。

我们最喜欢唱的歌有两首，一首是《打靶归来》："日落西山红霞飞，战士打靶把营归……"另一首是："我为人人，人人为我，社会主义早实现。"过了几天，说"我为人人，人人为我"不能唱了。为什么？传达指示的人没有说，到今天我也没有弄明白。只是我知道，现在是"我忒人人，人人忒我"了。

我们是男校，学生都是小伙子，饭量自然可观，为此，生产队给每个班级配两位大嫂专门给我们做饭。

生产队打肿脸充胖子，特别给我们准备了白面，为我们做面食。

当时，"三年困难时期"已露端倪，人民公社社员的口粮已经不够吃，他们只好以白薯干做补充。也就是说，成人的定量如果每月是三十斤粮食，生产队只发给十五斤玉米面，其余的份额以几十斤白薯干代替。社员把白薯干磨成粉，用来蒸窝窝头，有的用一半玉米面一半白薯面和成粉，烙成面饼。

那两位给我们做饭的大嫂，在我们住地的院子里，支起两个大铁锅，弄来几捆麦秸，早上做玉米面粥，中午就给我们烙白面饼。而那两位大嫂吃的却是白薯面做的窝窝头。

有好事的同学，跟大嫂讨了一块白薯面的窝窝头，一吃，惊叫道："好吃，忒好吃，甜的！"于是，有人提议用我们的白面饼换大嫂的窝窝头。大嫂有些顾虑，说，这样换，你们是吃亏的，再说，要是让生产队长知道了，我们这个好差事就干不成了。给我们做饭不仅工分高，而且比在地里干要轻松不少。我们两个能说会道的家伙自告奋勇去当说客，跟大嫂说，我们是自愿的，而且不会有人去队长那里告密，我们班的同学从来没有出过叛徒。大嫂终于被我们说动，"交易"做成。

就这样，我们吃白薯面的窝窝头，大嫂吃白面饼。

白薯面窝窝头吃多了，胃里泛酸，有人后悔，但"誓死不当叛徒"。后来，给我们做饭的大嫂不来了，换成两个年长的大妈。当然，以白面换白薯面的交易，也就寿终正寝了。

对两位大嫂被"罢官"一事，我们班长查了半天，也没有查出告密的"叛徒"，也许是社员向队长告了密。

不久我们就中学毕业了。在毕业联欢会上，有人还提过这档子事，大伙笑得肚子疼。并且，继续查了半天"叛徒"，结果还是没有下文。再后来，北京的粮食供应也紧张了，我才知道，那种白薯面的窝窝头，甜里带酸，如同人民公社一样。

一顿饭的记忆

几十年来,吃过无数次米饭了。唯独有一顿饭,记忆深刻,至今历历在目。

说得有些玄吧?

的确是这样。

1964年初秋,我分配到上海电影制片厂。当时还叫海燕电影制片厂,后与天马厂、江南厂合并,才称上海电影制片厂。

进厂不久,就被派到上海奉贤县奉城公社去搞社会主义教育运动。按要求,我们工作队员要与公社社员同吃、同住、同劳动。于是我就住在了生产队副队长的家里。

他家地方不宽裕,没有多余房间,我的"卧室"是在客堂间用芦苇席围起的一块地方。我把定量三十一斤票面的粮票和规定的钱款,交到队长娘子那里,就与他们吃在一个锅里了。

虽说是鱼米之乡,但生产队的收入极低,社员们每天吃得很差,不过是籼米饭就着青菜、萝卜。偶尔改善伙食,也就是在小河浜里摸两条小鱼,炒两个自家的鸡蛋而已。为这个,有些没有分配到工作队员进驻的人家,还有些不平,认为,工作队交出的伙食钱远远用不掉。

当时，农村人的现钞很少，年底分红时，都用粮食结算，我们交的现钞自然是极受欢迎的。

尽管我与副队长一家吃得不好，但是每到吃饭时大家说说笑笑，倒是一天中的亮点。那时候，我刚来上海，上海城区的话都听不懂，更不要说上海郊县的话了。在与他们交谈中，他们经常拿我的普通话开玩笑，队长的两个孩子，用他们的家乡话让我猜，并且埋设了不少"地雷"，我经常触雷，引起哄堂大笑。就这样，拉近了和他们的距离，体会到中国农民真实可爱的一面。

到了秋收时节，队长一家大大小小都忙着地里的农活；我们那些让人讨厌的会，也都暂停，改为帮生产队秋收去了。

秋收是农村盛大节日。

那几天，奉贤大队十几个生产队，彼此暗中较劲，力争自己生产队的晚稻和棉花亩产拔得头筹。从黎明到明月初升，男女老少都在地里忙活，体力消耗极大。于是，家家户户的伙食也在悄悄改善。人是铁饭是钢嘛，好钢，自然应该用在刀刃上。

这天下午，我和工作组的几个同事一起帮生产队摘棉花。把一片地的棉花摘净之后，再把棉花秸拔出，捆成捆。

这一切干完，夕阳悄然西下，秋风轻轻吹拂，一身汗也收干了。于是，几个人各挑了一担花秸柴，排成一行，哼着歌，沿着村街的石板路往回走。来到街口，正巧碰上房东娘子。她是个大嗓门，离得老远，就扯着嗓子喊："东同志，东同志，田里厢做生活去了？"

我应声说："收棉花。"

队长娘子看我挑柴的样子,很"没有腔势",说:"撒多嘞,撒多嘞。"

"撒多",当地人的话,就是辛苦的意思。可是我当时不懂,却以为是说我挑的柴太多。我连忙说:"不多,柴不多。"

队长娘子先是一愣,显然她没有明白我的意思,继而笑道:"少挑一念(少挑一点)。明朝还要做格。"

我似懂非懂,只能笑笑。

队长娘子又说:"饭,我伲吃过啦。你一个人回去吃。有菜,有汤,饭在柴锅里厢。"说着,她跟几个妇女一起走了。

农忙之时,她们吃过晚饭,还要下地干一会儿。农村妇女在当时比男人还要辛苦。

回到副队长家,刚一进门,一股饭香扑面而来。我连忙走到灶头前,掀开柴锅锅盖,乖乖隆地咚,那米饭的芳香是我从来没有闻到过的。

事后我才知道,那是用新收下来的晚稻轧成的新米,在大铁锅里,用棉花柴秸烧成的饭。那米饭晶莹透亮,如珠似玉,看看就馋涎欲滴了。

简陋的小木桌上,摆就三菜一汤:田螺咸菜汤,一盘炒鸡蛋,一盘青菜,一盘肉丝萝卜,再加上香喷喷的米饭,简直是天堂里的伙食啊。主人不在,我一个人为所欲为,做了一件很没出息的事,甩开了膀子大快朵颐。

其实,汤和小菜,我吃得不多,专门盯着米饭,不知不觉一连吃了三大碗。再想盛,犹豫了,冷静下来一看,不对了,一大铁锅米饭,被我干掉好大一块。那满满一锅,中间挖去了一个深深的大坑。我想了想，只能把旁边的米饭往中间拢拢，使那个坑不至于太不雅观。

即便如此，我还是忐忑了好一阵。

这顿饭，是我有生以来吃得最多的，以后再也没有这个饭量。不过，以后也没有了这种机会。

队长娘子肯定发现了我吃饭的潜力，第二天的米饭又改成籼米饭了。我的饭量也恢复了正常水平。

应该说，那天是我吃到的最美妙的米饭。第一，是新轧出的粳米，其二，是用柴火烧的，第三，用大铁锅烧成。俗话说，小锅菜，大锅饭，果然有道理。

今天，好的大米品种多多，但是用花秸柴烧的大锅米饭，却少有机会重逢。况且，岁月渐渐销蚀了胃口，就是再遇到这样的机会，恐怕也不如从前的感觉了。

北方人的习惯是不喜欢吃米饭而喜欢吃面食的。

上海人恰恰相反。

城里的孩子上山下乡那一阵子，上海的女孩子到黑龙江插队，回沪探亲时，那些原先苗条姑娘，没过两年，都变得胖胖的，说是吃面食吃的。北京在上个世纪五六十年代，一些女孩也是胖胖的，可能也是与吃面食有关。那时节，没有减肥一说，女孩子们也没有因肥胖而苦恼。

北方人不喜欢吃稻米倒是的确的。

当时，北京有些单位食堂的泔水桶里，经常有半碗饭丢在里面。尤其在大学食堂里，这种现象更不少见。到了"三年困难时期"，这样的现象几乎绝迹。因为那时候人的肚子都填不饱，会有人再把粮食填进泔水桶里去吗?近年,这种现象又重现了,媒体却极少对此做批评。

难道人们见怪不怪了?还是,"困难时期"的教训不够?

暴殄天物是人的恶习,如今提倡"清盘行动",看来很有必要。

南方河网纵横,适合种水稻,南方人也就养成吃米饭的习惯。其实,北京的大米一点不比江浙一带的差。从上世纪五六十年代过来的人都知道,北京当时有供应"小站米",烧出来的米饭又香又糯,饭熟时,隔半里地都可以闻到它的芳香。可是,北京人傻冒一个,就是不知其中滋味。

据说小站米出产在天津郊县,就是当年袁世凯练新兵的地方。地方不大,产出自然不多。有人说,小站米是大清帝国时的贡米,是给皇室吃的。但是北京人认为,就是给玉皇大帝吃的,他们也不愿意领教。五十年代后期,南方人去北京工作的渐渐多了,见到小站米,如同阿里巴巴叫开了藏宝的山洞。小站米成了稀罕之物,逐渐在市场上消失了。后来有了南苑稻,可以在市场上买到。南苑稻比不上小站米,但也差不了太多。南苑稻种植面积大,也就不像小站米那么金贵。

北京的南苑稻米,与上海的最好大米相比,可以说不分伯仲。

我在上世纪六十年代初来上海的时候,上海郊县生产的稻米大致分两类:一个是双季稻,因成熟期短,吃口不好,出的米叫籼米。另一种是单季稻,生长期长,吃口好,但产量低,出的米,就叫粳米。出粳米的稻子,直到晚秋才能收获。

在那个追求产量的年月,单季稻种植的面积要少得多。所以,在粮食需要凭粮票购买的那些年,粳米供应的比例要低得多,每个人一个月也就四五斤。有的人家，因年轻人多，尤其有男孩子的，个个饭量超大，定量根本不够，无可奈何之下，宁愿与邻居把粳米换成籼米，不求质而求量啦。这样就有了不成文的规矩：一斤粳米，可以换一斤半或者两斤籼米。

那时候，上海郊县提倡种植一种双季稻，叫"矮脚南特"。轧成的米，就是籼米。籼米是不得不吃的粮食。

矮脚南特，稻秆较低、较壮，抗风，产量有保障，名字又好听，在江浙一带大量推广。现在，这种稻子已经销声匿迹，好听的名儿，也没人叫了。

在上海，米饭还有一种"变奏"，那就是泡饭。

网上有篇小文，专写泡饭的，倒也颇具海派色彩。

文章说：正宗上海泡饭，也极其简单，烧一锅水滚开后，把隔夜冷饭团倒进锅内，水再冒泡泡滚一些时用筷子把饭团搅碎，一分钟关火，汤汤水水，米粒渣渣有嚼头……吃泡饭并不是上海人的主动性选择。在上海城区，工人一大早赶去轧公共汽车上班，根本没有时间烧饭熬粥，大多弄堂房子也不通煤气，老清老早生煤球炉不仅麻烦而且浪费，那么当家主妇就会多烧点饭，第二天早上开水一泡，让一家老小匆匆忙忙扒几口，嘴巴一抹出门，该上班的上班，该上学的上学。

文章写得幽默。

在物资匮乏的岁月，这是上海市井生活的真实写照。现在，有些人家，早上还经常吃泡饭。其中原因五花八门，习惯也是其一种。泡饭几十年吃下来，多日不见，还会想它。再说，老上海人，的确喜欢这一口。泡饭就着咸菜毛豆，就着榨菜肉丝，吃起来，爽口，是夏天早餐的极佳选择。

如今，在一些饭店里也有咸泡饭出售，海鲜泡饭、蟹肉泡饭竟然卖到近百元。那是家常泡饭的升级版。

青菜情结

我们上海电影制片厂的文学副厂长石方禹先生是位神童。共和国成立始初,他以长诗《和平的最强音》而获得斯大林奖金。当时年仅二十几岁。

改革开放初期,他调去北京,任国家电影局副局长。厂里很多人出差去北京,行前会打电话过去,问询石局长,可有什么要带去北京吗?石局长总是这样回答,如果方便,请带一点青菜来,别的不需要的。可见,长年生活在上海的人,去到外地,常常会怀念上海的青菜。

这种青菜只有江浙一带出产。北京有一种形似的菜,叫小白菜,形状虽说与上海青菜差不多,味道相去颇远。还有一种油菜,形状与上海的青菜相似,只是菜梗部分也是绿的,不像上海的青菜,叶子是绿色的,梗部是白的。青菜与油菜的味道差别也比较大。小油菜略有些苦味,没有上海青菜甘美。

上海的青菜很便宜,再穷苦人家也是餐桌上的首选。按上海人说法,吃青菜的最佳季节是在霜降之后。被霜打过的青菜,用植物油炒,只放盐,放一点糖,吃起来味道十分甘美。讲究些的,可以在炒熟起锅时放一些牛奶，吃起来又香又糯。炒青菜用不着放味精鸡精之类的调味品，放了，反倒是画蛇添足。

上海饭店里有一道菜是双菇菜心，取青菜菜心，开水烫熟，浇上炒好的草菇花菇，看起来高级些，其实味道并不比家常的炒青菜好吃。

到了春暖花开的季节，青菜渐老，慢慢长出菜秸，那时候，青菜的叶子就不好吃了，人们转向吃菜秸。到了夏天，新的一茬青菜又开始上桌了。可以说，上海的青菜一年四季都是物美价廉的菜品。

北京的小白菜、小油菜，虽然也是炒着吃，但没有上海的炒青菜香而糯。菜叶徒然相近，由于水土地域的差异，味道自然不会相近。即便是上海的青菜，种在露天的与种在暖棚里的也不一样，上海南汇的与川沙的也有差别。

上海的青菜有多种。最佳者，为矮脚青菜，就是那白色的梗部比较短，故称"矮脚"。这样的青菜，烧好又香又糯，为老年人最爱。

今天，物流发达，各地的物产相互交流，在北京也可以买到上海的青菜。但是，青菜到了北京改了品性，如何做，也做不出那种又糯又有淡淡甜香的滋味。

植物是有性格的。

《晏子春秋·内篇杂下第六》说："橘生淮南则为橘，生于淮北则为枳，叶徒相似，其实味不同。所以然者何？水土异也。"

有一年，我和妻子去北京省亲。母亲给我们煮小米粥，我们吃了一碗又一碗，实在美味。临返沪时，母亲给我们放了不少小米在行李里。可是，那些小米在上海煮粥，无论如何煮不出北京的味道。

同一种小米在不同地方做出的食物，竟截然不同。我推测，或许是煮粥的水质不同吧。抑或有更不知的原因。

记得，在电视里，看到一位中医专家谈到中药的用量，有过一番十分辩证的说法。他说，有些经典处方的药物剂量，用到今天，似乎并不十分对症。原因在于，某一味中药，在一百年前与今天相比，药效并不完全一样。因为同一个地方生长的药材，一百年前与一百年后的生长环境起了变化，空气的污染，土壤成分的变化，植物自身的退化，都可以影响某味草药的疗效。再加上现代人过多使用药物，导致体内病菌产生的抗药性，都使得用药剂量不同以往。这样一想，我们今天吃的食物，滋味与从前小有差别，也就不奇怪了。

现在市场上卖的草莓、枇杷不如以前香甜，也在情理之中。当然，人类具有改变大自然的巨大潜能，只要不违背规律，还是可以让各种生物加以改良，但改进必须遵循科学规律，那种在"大跃进"时代说的"人有多大胆，地有多大产"的梦话，只能贻笑大方。

栀子花与猪肝饭店

上世纪七十年代,上海师范大学东部校区是个幽静去处。校园竹篱笆外面,是条曲折小路,路边长满蓊郁的草木。夏末,蔷薇花、芍药花、凤仙花悄悄从篱笆里面探出头来。夜晚,它们就更加撒欢儿。

我与太太谈朋友之初,那条小路,我们走过很多遍。在那些花儿的族群里,尤爱栀子花。

因为她的洁白,因为她的幽香。

经常是,走过那座小木桥,刚刚踏上小路,便传来淡淡花香。那香味,清淡而柔和,一阵一阵,伴着月色,悠悠地浸入夜幕里。

我为此写了一首小诗《栀子花》,送给未来的太太,竟然被岳母看到。于是,她老人家就同意了这门婚事。

竹篱笆,是上海滩上的一道风景。

上世纪六七十年代,上海不少建筑的外面,有竹子做成的围墙。在徐家汇、衡山路、华山路、静安寺一带,这样的竹篱笆,处处可见。竹篱笆围墙,有高有矮,矮的两米上下,高的三米多。高的篱笆,底部涂有沥青,保护竹子不致耗损,只最上端保留半米不到的竹子本色。竹篱笆亦有疏有密，密者没有丝毫空隙。

上海人把这种篱笆墙，叫做枪篱笆，或者叫戗篱笆。称为枪篱笆，似乎没地方去说理。称戗篱笆，好像还有些合理。那个"戗"字，有些火药味，令那些想翻过篱笆的小毛贼产生一丝畏惧，有其威慑作用。

竹篱笆墙里，多是精美的老式花园洋房。改革开放后，为了改善城市景观，竹篱笆几乎拆除殆尽，代之以通透的铁艺栏杆。造型各异的西洋建筑，绿茵茵的草坪，一丛丛修剪得体的灌木，显露出来。

如今这些建筑很多改成高档饭店，名为席家花园、宋家私房菜、唐氏酒家之类。入夜时分，铁栏杆内外，彩灯明灭闪烁，为上海滩增加不少亮色。稍微注意，你会发现，那些穿着平常，举止洒脱，口袋却充实的年轻男女，经常会出入这些高档饭店，不像上世纪六七十年代的年轻人，几乎都是"月光族"。

有点意思的是，这两年，又有篱笆墙回归，是"胡汉三又回来了"，还是别有新意，不得而知。

上个世纪七十年代的上海年轻人，纵然再有本领，再有贡献，每个月的工资不过几十元，想要出入高档饭店，如同痴人说梦。"谈朋友"除了看电影，就是"孵"外滩的"情人墙"。

夜深人静之时，一对对情人，靠在外滩的围墙上，面对黄浦江，低低私语。左右都有那么相似的一对，相隔不过几十公分，但绝不相互干扰。后来，江边围墙下，设置了一些座椅。椅子是四人座，于是，椅子上就坐了两对。似是约定，一对朝东，另一对必然朝西，彼此方便。

夜色阑珊，黄浦江上，飘来机油和鱼腥的混合气味，实在不是非常美妙。但是，那些情人们，久闻不知其臭，站到后半夜，也不知道辛苦。要知道，明早，还要上白班呢。轮到上夜班的，要等到一个星期以后，才能再次光临情人墙。

往日的上海，年轻人谈朋友有谈朋友的规矩。如果不去外滩情人墙，也不去电影院，而坐到了街心花园的花丛深处，那是犯了大忌，夜晚会被巡逻人员赶出来的。如果态度稍差，还要写检讨，弄不好，告到单位去，那就要"好好喝一壶"了。

谈朋友还有一个去处，就是饭店。

请女朋友第一次下馆子，当然是郑重其事了。选择什么样的饭店是一门学问。

那年月，口袋里不厚实，国际饭店、锦江饭店当然不敢想；半岛饭店、外滩18号等还没有开张，于是，我选了一家当时看来中档偏上的饭店。

那家店，名为红村，在静安寺靠近愚园路。店名吉祥，门面讲究，又是繁华地段，被同学问起来，不算丢人。

我俩在二楼坐定，凭窗眺望热闹的静安寺街头，美妙的一刻，几乎忘却了点菜。

一位年轻的营业员过来，轻轻问："点菜哦？"态度之亲切，与我见到的北京营业员有些不一样。

热腾腾的菜一个个端了上来，后来，端上一盘炒猪肝。

猪肝我是不吃的，专给女朋友点的。我说："你吃点这个。"

她摇摇头："猪肝，我不吃的。"

我说："我也不吃猪肝。从来没有吃过。"

她说:"那,就这样吧。"

见我们有些异样,营业员主动过来,问:"有什么要帮助的?"

犹豫片刻,我说:"猪肝,我们是不吃的。"

营业员诧异,看看我们俩,耐心说:"猪肝呀,这是猪的肝。很有营养的。"

"我知道。"我用普通话回答。

"可,那为什么……"营业员想问个究竟,细细打量我俩,似乎明白了什么,为难地看看餐桌,喃喃走开。

猪肝孤零零地在餐桌上。

忽然,营业员带着一位清秀的中年女子过来。那女子看上去聪明干练,显然是领导。她细心给我们解释了猪肝的营养价值,见我们仍旧不为所动,便对营业员说:"给退了吧。"

从始至终,他们都很热情细心,绝没有一丝不悦的表示。

这是我们第一次"吃"猪肝,也是最后一次。

后来,我们就把那家饭店说成是"猪肝饭店"。

过了不久,我们去北京,逛前门大街时去一家面店里吃拉面。面端上来,上面撒了不少香菜,女友说,不吃香菜的。反复交涉,营业员就是不肯调换,我们只好"弃面"而去。出了店门,我安慰她说,这样的人,毕竟是少数。其实我知道,改革开放之前,在北京,这样的营业员并不少见。

看来,实行市场经济之前,上海的营业员就有着很好的商业意识。

几十年过去,静安寺一带改造了,市面更繁华了。"猪肝饭店"却消失了:那地方建起了一座高大的商务楼。

静安寺寺庙，变得金碧辉煌，远远望过去，如同一座小金山。

我还是想念那没有涂金的寺院和温暖的"猪肝饭店"。

那位营业员和善而略带不解的面孔，我一直记得。当时他一定奇怪地想：这么好的菜，他们为什么不吃呢？

第二辑

京华

忆旧

遥远的太平湖

北京的太平湖是个不起眼的小水塘。

22路公交车开出始发站,一路往北,开出北京新街口豁口,就到了小西天站。

小西天站下车,走几十步,就是北京电影学院旧址。如今,这里成了电影资料馆。电影学院已然鸟枪换炮:在小西天以北的北太平庄建成一片富丽堂皇的新建筑,其名声远比上世纪五六十年代大得多。每到招生季,漂亮的女孩男孩云集,数以千计。

早年,北京电影学院招生时,可没有这么热闹。

或许,旧时的电影学院那片红砖建筑没有那么引人注目。

但是,那片五十年代建造的红砖建筑却常常进入我的梦里。

旧时学院后面的那片农家院落呢?马路对面那片不起眼的北京电影演员剧团呢?朝南不远,那条几近干涸的护城河呢?还有,南面那片不大的水塘,那片后来出了名的太平湖呢?

都已经消失了。远去了。走得远远的,迷失在人们的视野里了。

太平湖,叫它是湖,实际上是夸张了,把它抬高了。

这个名不见经传的地方,因一曲悲歌,人们注意到它,人们说起了它。

太平湖边是高低不平的土路，几块闲石，大约是修路丢在那里的。隔着一条坎坷土路，北边横着几间农民的陋屋，再往北，就是北京电影学院。太平湖往西，闲花草木间，散落着土坯小屋，越过寻常巷陌，可见遥远的展览馆金晃晃的尖顶。

只有周围的居民和学生们才知道它，知道它还有一个学名叫太平湖。

夏天，附近的公社社员会来湖边乘凉、聊天；我们学院的同学，也会有事没事来这里溜达；偶尔还有一两个垂钓者，蹲在水边，无望地等待傻鱼上钩。

太平湖里并没有什么鱼，正如它没有什么名气。

直到冬天，这里才热闹起来。

冬天，冰冻结实了，在第一场雪到来之前，附近的孩子们就会到来玩冰橇，滑冰。我们的体育课，也到这里来上滑冰课。这时候，我们最开心，体育老师也最开心。他只要讲讲滑冰的要领，就把大伙像放鸭子似的，让大家自由发挥。

大雪过后，冬天的太平湖沉静下来。寒风和融雪让冰面起了皱，滑冰已经不可能，只几枝枯黄的芦苇在朔风中瑟瑟发抖。

太平湖啊，难道，只有冬天刚刚来临的时候，人们才关注到你，如同，那个"冬天"。

在那个"冬天"开始不久，一位斗士，来到湖边。

自杀的，并非仅仅是弱者，还是那句："士可杀不可辱。"

太平湖为此一哭。

后来，一位老人含泪写下一篇小说：《太平湖》。

我能够想象出，那饱含泪血的文字，是怎样浸透了纸稿。我能够想象，那苍劲的字，是用怎样颤抖的手写就。

令人悲哀的是，当初打捞遗体的说法，竟有几个版本。不少"英雄""义士"在事后出现了，都说是他们的义举。此前，在投湖的时候，湖边是那样寂寥无人吗？没有一个目击者吗？那位作家在投湖前，可是在湖边默默坐了一天啊。

静坐在太平湖边，整整一天，他是不是无路可走，无家可归？

我不知道。

偶尔翻到为画家哈定先生的画册写的序言，其中有短短的两句话，令我感动。序言说：他（哈定）的家庭是幸福的，在他最遭厄运的时刻，妻子和三个孩子始终芳心不离，这也成为他事业上精进不已的一个推动力。

那位作家没有这样幸运。

千古风流，总被雨打风吹去？这是怎样的风雨啊。

太平湖终于消失了。仅仅几十年，消失在人们的大刀阔斧的开路中，消失在人们的遗忘中。

那位作家沉湖十几年后，我来到那片疑似太平湖的地方。我凝视那块车辆不断闪过的地方，心里蓦然响起话剧《骆驼祥子》的一句台词："穷人的命就像个枣核儿，两头长，中间大。小的时候不饿死，万幸；到老的时候不饿死，万难。"这饱含泪水的话，道出了作家怎样的善良与悲悯啊。

这样的人，为什么偌大的世界容他不下？

历史总是要被人裁剪的，一如，小小的太平湖，淹没在土木建筑的灰尘中。

太平湖只在遥远遥远的梦境里了。

在北京电影学院旧址不远的那块地方，如今是一座高大的写字楼。

朱自清老先生，因为写了一篇《荷塘月色》而使得未名湖声名远扬。法国大革命时，因为蒙马特高地血流成河，而后在上面建起了白教堂。这座与巴黎圣母院齐名的建筑，是用血换来的吧。

小小的太平湖是用勇士的血换来了名声。

只是，太平湖消失了。

那段历史什么时候消失在中国历史的长河中呢？

如果，真的消失了，那将是民族的悲哀吧。

干什么吆喝什么

北京人挂在嘴边有一句话叫"干什么吆喝什么"。意思是说,你做什么就谈论什么,做什么生意就做什么宣传。深一步来说,不要夸夸其谈,更不要对自己不了解的事物,说东道西。

就其原意说,走街串巷的各种小贩,他们的生意宣传,主要是靠一张嘴,靠吆喝,靠叫卖。上个世纪五六十年代的北京,串胡同的小贩形形色色,坐在房里一听"市声",就知道卖什么的来了。

人们一听"磨剪子咪,戗菜刀!"就知道磨刀师傅驾到。过去,磨刀人多是山东籍,吆喝声多是山东腔。北京上海都可以听到这样带有山东腔的吆喝声。北京的磨刀师傅手里还有一件道具,那是用一串铁片串联而成,有些像打竹板用的竹板,只是那些板是铁质的。北京的磨刀师傅吆喝一声,用那个铁板打几下,很有节奏,既好听又可以省嗓子。

我在上海,没有见过磨刀师傅有这样的道具。

北京卖花的与上海卖花的也小有区别,卖的品种也不尽相同。

现在,城市里都有花店。花店里经营鲜花、切花、绿色植物,有的还经营假花、脱水干花等。北京的花店要比上海少许多。上海的大街小巷，到处可以找见大大小小的花店。买一束鲜花带给友人，方便而平常。

北京就没有这样的条件。

上世纪中叶，我住北京的南城，跑个十里八里，也找不到一家花店。送花，在当时的北京，平常百姓似乎没有这个习惯。北京的胡同里也有卖花的小贩，他们吆喝："茉莉花，晚香玉。"而上海走弄堂的小贩则吆喝："栀子花，白兰花。"

卖的品种不尽相同。

上海街头经常可以看到一位年纪较大的老妈妈，卖白兰花的。多是在闹市的人行道一侧，不妨碍行人的地方，在一个小巧的竹篮里，铺一块白布，上面摆好清香的白兰花。那些白兰花打理得干干净净，两朵一对，用很细的铁丝穿好，如同一对小灯笼，上面还用洁白的湿毛巾盖着。来购买时，卖花人会小心地掀开毛巾，为你挑一对十分洁白的花朵，有些微微泛黄的，绝不会卖给你的。这样的规矩从未改变。这些老妈妈待顾客和气周到，总是笑脸相迎，讲话低声细语。夏日傍晚，十元五元就可以买到一对。

白兰花在北京没有街上卖的，那种周到细心的小贩更是找不到的。北京人做小生意有大老爷脾气，一副做官当老爷的派头。

上海有花鸟市场，经营花卉的批发，兼做零售。北京也有这样的市场，经营得更多的是花鸟鱼虫。

市场的顾客，多是有钱、有闲的。

过去，北京的街头巷尾常常看到游手好闲者，有个文雅的说法叫"赋闲"。我的家族是个庞大族群，我读小学时，一些堂兄已经成年。有时会听到这样的对话，客人问："先生在哪里高就？"我那三十几岁的堂兄会说："目前赋闲。"

上世纪六十年代，这样的"赋闲"者似乎绝迹，改革开放之后，又涌现出新的一辈。这些人有了新的名称，叫"啃老族"。

有感于一段文字

看到一段文字说：如果著名建筑家梁思成的建议被采纳，北京古城，会成为令中华儿女骄傲的建筑博物馆。"五十年后，历史将证明你是错误的。我是对的。"梁先生对当年的北京市市长如是说。

这段往事，我听到过不只一次，每次提及，内心总是感慨万千。毕竟，梁思成先生的这段话，是含着泪水的肺腑之言，但保留古建筑的提议，并没有被采纳。半个世纪之后，北京城市建筑的命运，不幸被梁老先生言中。"令中华儿女骄傲的建筑博物馆"只能是一个美梦了。

我从小在北京长大。景山、长城、雍和宫、恭王府，处处留下我和玩伴们的顽皮足迹，当然对这段文字，感触尤深。

共和国成立之前不说，就是五十年代的北京，也保留着不少原汁原味的人文景观。故宫，前门箭楼，中山公园，太庙，北海公园，颐和园，国子监，雍和宫，什刹海，前门火车站，东四牌楼，西四牌楼，以及那些旧日王府和形形色色的深宅大院，自不必说，就是南城的陶然亭，前门大街，大什拉儿，天坛公园，天桥市场，先农坛体育场，琉璃厂，金鱼池，也是很有意思的地方。环城的古城墙更不要说了,那真是绝妙的去处。

我读中学的二十六中,原是教会学校,名北京汇文中学,是颇有些名气的。学校有着宽敞而规范的操场、完备的实验室、精致的西洋式教学楼和中学少有的室内体育馆。

它坐落在崇文门内,环境优美,闹中取静,出校门东去不远,就是古老的城墙。城墙下,是一片荒草地,荒草长及腰部,夏天芳草萋萋,深秋七彩争艳,又有一簇簇灌木环抱着一小片水塘,于是成了我们放学以后玩耍的胜地。但是,更吸引我们的却是爬到崇文门的城墙上去。

以北京建筑中轴线算,东有崇文门,西有玄武门。一文一武,古时为建筑取名,极是讲究。

崇文门有个俗称叫哈德门。从前有个香烟牌子就叫哈德门。大前门牌的香烟直到今天还有,哈德门香烟却悄然淡出人们的视野。

五十年代初期,崇文门内大街是繁华地方,朝北走百米,就是有名的东单;出崇文门往南,是崇文门外大街,也是热闹地段。那里一条大街,叫花市大街。

花市大街,早先是卖花卉的,上世纪五十年代,已是多种经营。各式店铺,鳞次栉比地排列街道两边,店铺外面还有各样的小货摊,只留窄窄的人行道。从早到晚,熙熙攘攘的人群,把快车道都塞满了。

最近看到一组老照片,其中有一幅清朝末年崇文门的写真。照片早已泛黄,形象却仍旧清晰。照片上,崇文门城墙坚固挺拔,看不出有什么明显的破败,只是城下的一些民居,已残破得不成样子。古朴沧桑的意味,让人联想到金戈铁马、烽火硝烟。

我读小学时,偶尔到崇文门一带去玩,还能看到那里有座瓮城。那时候小,不懂,只是觉得城门口外面还套一个小城,怪有意思的。

当时,瓮城已经很破旧,城砖不整,有些被人偷盗了去,城墙的砖缝长着蒿草,一副美人迟暮的感觉。到我读中学时,瓮城没有了,再看那段城墙,已经是满目疮痍。1976年唐山大地震之后,北京的四合院里,如雨后春笋般地冒出大大小小的防震棚,建筑材料中就有不少这里的城砖。

北京城的城砖就是这样流失的吧。

鲁迅在《再论雷峰塔的倒掉》一文写道:"说是杭州雷峰塔之所以倒掉,是因为乡下人迷信那塔砖放在自己的家中,凡事都必平安,如意,逢凶化吉,于是这个也挖,那个也挖,挖之久久,便倒了。""雷峰塔砖的挖去,不过是极近的一条小小的例。龙门的石佛,大半肢体不全,图书馆中的书籍,插图须谨防撕去,凡公物或无主的东西,倘难于移动,能够完全的即很不多。但其毁坏的原因,则非如革除者的志在扫除,也非如寇盗的志在掠夺或单是破坏,仅因目前极小的自利,也肯对于完整的大物暗暗的加一个创伤。"

近一个世纪过去了,积习并没有完全改掉。

长在天子脚下的北京人啊,这是一种光荣,还是一种耻辱!?

崇文门,其实已经告诉了答案。

不过,人为的小破坏,毕竟撼动不了庞然的古城墙。至少,五六十年代,老人家还健在,还没有"扫四旧"的想法。

记得我读高一时,放学之后,如果课外作业不多,我们三五个同学就会相约去爬城。

顺着马道,很顺利地就可以爬到城墙上。

那马道的入口，用木栅栏封着的，防备人们到城墙上去，发生危险。但那木栅栏，形同虚设，我们轻而易举地就翻越而过。城墙马道上铺的砖块残缺不全、凹凸不平，风，卷着落叶，肆意扫荡。沿着马道，走上几十米，就可以登上敌楼。敌楼的外观依旧，走进去方知道，整个建筑已经破败：门窗败坏得七扭八斜，窗洞大开，窗框大约被人拿去做了劈柴，木质的楼梯歪歪斜斜，走上去必须小心翼翼，不然就有摔下去的危险。木头楼板年久失修，不少地方破裂了，塌陷了，上面积满了灰尘、鸟粪和各种垃圾。调皮的小破孩儿还在那里大小便。

苍茫暮色中，那座敌楼如同古稀老者，披着褴褛衣衫，无声无息地守在那里。蝙蝠和归燕，在余晖下，围着它欢腾飞舞，发出尖利的呼喊。

登敌楼，发思古之幽情，我们一帮不知天高地厚的中学生，亦发出奇怪欢呼。

登在敌楼上，西望，云天薄雾间，隐约可见一片灰瓦之上，是壮丽的天安门和前门箭楼。箭楼朝北，就是金碧辉煌的故宫。那片金砖碧瓦，在夕阳的映照下，发出金属般的光芒。北望，是辽阔的东单广场、淡红色的六国饭店和北京饭店。向南看，则是热闹的崇文门外大街。

满眼风光，满眼京华故事。

这些故事，慢慢的，都在写进历史。

老北京，已是昨日梦境，披上新装的首都，纵然宏伟光鲜，毕竟缺了不少历史的余韵。

在欧洲旅游，看到人家保留下的古老建筑，常常觉得有股酸楚在心头。我们大大小小的城镇，这些年来，已经失去了不少，不能再失去了。

前些年，在拆城的过程里，北京的永定门也没有幸免。不意，这几年，永定门忽然又拔地而起。永定门的重建，让人高兴，又让人疑惑，不知到底是为了什么。我只知道，旧日北京，是有九个城门的，北有德胜门，南有永定门。通常的说法是，军队出征时是走永定门的，打了胜仗，班师回朝时是走德胜门的。

在我读小学一二年级的时候，依稀记得，东直门不远处，还有一座东便门。那座城门，很不气派，破旧，低矮，大部分进出的多是马车、骆驼和毛驴。其情景，让人以为是在十九世纪，毫无现代的意思。出了城门不远，就是护城河，河水多处已经干涸。过了破烂的石桥，就是荒野和坟冢。

西直门，则与此相反，西直门大街，一直比较繁华，五十年代中期，苏联展览馆就建在西直门外。展览馆设有马克西姆西餐厅，请人吃饭，能去马克西姆，是极其体面的事。在当时的京城，那块地方，是何等金贵。据说，马克西姆餐厅，如同宫殿，直到我大学毕业，也无缘去享受一回。改革开放之后，总算去了马克西姆，却令我大失所望。原来，马克西姆平平常常，上海稍有名气的饭店，恐怕都要胜它一等。

中学时光的种种趣事，与那座古老破旧的崇文门城楼千丝万缕地勾连着。旧日京华已是烟消云散了，我们的后辈见到的可能只是抹去旧日风采，只剩表面光鲜的，缺乏特色的城市。

东单广场忆旧

上个世纪五十年代初，北京的西式建筑是不多的。也就是东交民巷和正义路一带，那段欧美风格的建筑群最为醒目。英国驻华大使馆就曾经坐落在正义路上。

1967年红卫兵造反，英国驻华大使馆受到冲击，发生震惊中外的火烧大使馆事件。正义路因此更有了名气。

东交民巷，在清朝末年就是使馆区。

东交民巷街道不宽，道两边的西洋建筑，虽风格隽异，形色优美，但多已陈旧。人行道边，植有高大的行道树，春末夏初，绿树成荫，几乎遮满了街道。一扇扇高大而考究的铁门，像老虎口一样张开着，孩子们都绕道而行。

东交民巷的东口就是东单广场。

共和国成立之初，东单广场西面，有着一段长长的围墙，墙里面是使馆区。围墙上布着一排枪眼，枪眼的开口正对着东单广场。小时候，一直没有弄明白，那么多的枪眼，干什么用呢？长大一些，当然明白了。但不知道，从这些枪眼里是不是曾经射出过子弹。

围墙里面的大使馆，远远望去，郁郁葱葱，一幢幢洋房掩映在茂密的林木间。除去梧桐树，挺拔的白杨树，还有高大的槐树。

那里的槐树是我童年很深的记忆：春天，槐树开花时节，我的大伯母，就会吩咐我的一位堂哥去东单广场一带采槐树花。我的这位堂哥比我大两岁，他爬树的本领在我看来相当高超，只三两下就爬至树冠。他在树上摘槐树花，丢下来，我只负责在树下收集。半天时间，我们就满载而归。回到家，把槐树花拌一些面粉蒸熟，成了十分美味的食品。

也有蒸榆树钱儿的。但我没有吃过，估计不如蒸槐树花。一位散文作家写道，榆钱其实是榆树的种子。在北方，春荒的时候，穷人把榆钱拌些面粉蒸来吃。

花朵，给我们带来美，还为我们提供精美的食物。人类从狩猎进入农耕文明之后，植物为人类的生存与发展做出了怎样的贡献啊，即便是一束无名的小草，也应该尊重它、爱护它。

东交民巷东口的东单广场，如同一座舞台，变换过多次场景。

看到过一张老照片。发黄的画面上，一组士兵在广场上进行射击训练。照片下方文字注明："七七事变前，日军在华北屯集精锐。图为日军北平驻屯军在使馆区练兵场操练。远处是北平市街及围观的中国民众。"

这段文字说明什么？

旧中国的任人宰割。

在你的国土上，是人家耀武扬威士兵的演练。我们的同胞却在远处，观看。

是抗争者吗？是旁观者吗？

又想起鲁迅先生说的，我们的同胞看洋鬼子杀害中国人，如同看杂戏一般。

又过了几年,日本鬼子被打跑了。再过几年,国民党的军队也准备逃跑了。于是,在东单广场修起了临时飞机场。

蒋介石跑到台湾之后,不必练兵了,五十年代初,曾经开辟成溜冰场,最后成了街心花园。

北京东单广场的变迁,如一幕活剧。

东单广场北头,与东长安街交汇处,是东单菜市场,在北京是数得着的。十来年前,菜场迁移至和平里北街,仍然叫东单菜市场。

可见,人们对过去美好的事物,是有着怎样的留恋。

北京的水

小时候,常听大人们说北京的水硬。古人云,"弱水三千",这意思做何解?水,明明是弱弱的、柔软的,怎么说它硬呢。长大了才知道,这是指北京的水含矿物质多。

五十年代初,北京人少,自来水的水源是玉泉山的水。那水清凉、干净、甜咪咪的,北京孩子们经常当饮用水,也没有听说过谁谁闹肚子。尤其是夏天,从外面跑回来,咕嘟嘟喝一肚子清凉、甘甜的自来水,那叫一个爽。后来,北京人口越来越多,水厂只能另找水源。凉爽而清冽的自来水,无奈地成了童年记忆。

随着北京工业化的进程,北京的水质每况愈下,引起从上到下各方的重视。不久前,中央电视台有两条关于北京水源的消息,一个是,报道北京城南恢复了河泊场水系;一个是提出北京要在2018年恢复2000公顷湿地。

北京有湿地吗?

我在北京生活了二十几年,从来没有听说过。

然而,春去花还在,北京早年,并非干涸之地,只是那里的水,悄悄隐去了。

最近,看到一篇小文,说是几百年前,北京曾经是河网纵横、溪流交错的美丽水乡。比如,海淀区的中心,海淀镇附近,水域宽阔,并有温泉流经,因此才有海淀这个名字。文章列举了海淀区的不少地名,如稻香园、万泉河等,皆与水有关。

这些信息大大超出了我原来的知识。我是万万没有想到的。

不过细心想一想,典型的大陆城市北京,河流、水潭倒也不少。譬如昆玉河、护城河,譬如龙潭湖、玉渊潭、积水潭等等。

岁月沧桑,山河变化,水源渐渐退隐,城市的马路和建筑侵占了水的生存。比如老舍先生自尽的太平湖,就在我读大学的北京电影学院的南边不到一里路的地方,到了冬天,湖水冻得结实而明亮。我们上体育课就去那里滑冰。我离开学校时,太平湖还太太平平地在那里,可到了七十年代,却变成了大马路。

老舍先生的离魂,再也找不到那片伤心之地了。

如果,后人们想在老舍先生离世之地,立一块纪念碑,哪里去找准确的位置?

中央电视台关于修复北京河泊场的报道,用了不少画面,映入眼帘的完全是一幅幅江南水乡的风景,与我的少时印象截然相反。

我在北京的家,是在城南。离河泊场肯定很近,因为,我读过一年小学的学校,就叫河泊场小学。

在我的印象中,那是一片地势比较低洼的地方。每逢大雨,简直是一片汪洋。我们就不顾父母的警告,穿着木托板去蹚水玩。那一带多是穷人居住,有一户人家的房子一半高于地面,一半沉在下面。小院子用土围墙围着,每逢雨天,他家是吃尽苦头的。

不过,这一带也有几处深宅大院。有家"高门楼"我们偷偷溜进去看过，不仅屋宇轩昂高大，还有假山、水池和一个小亭子。想来是某个商人发了大财盖起来的。因为达官们是不会住在城南这一带的。

还有一处小院子，给我的印象也很深。五十年代初，在我上学的必经之路上，新搬来一户人家，把一座小院装修一新。本来那是很破落的，经过修缮完全是鸟枪换炮了。一个三面住房，雕梁画栋，窗明几净，院子铺上草坪，植上海棠树，院中摆好鱼缸，院子角落还有几块太湖石。按说，这种院落是不大喜欢闲人们打扰的。但是，那户人家的朱红院门成天洞开，因为，那家人是开中医诊所的。他家大门的门楣上分明写着"贾梦莲诊所"。我们在上学途中，经常要往那座小院瞄上几眼。

游一次泳，跑十里地

小学时候，放了暑假，先把暑假作业一口气做完，然后甩开膀子去玩。玩的花样不少：弹玻璃球，拍"三角"，用弹弓打鸟，把面筋绑在长竹竿上粘知了（蝉），动作大些的就是去北京城南东四块玉一带逮蛐蛐，钓小鱼，到水坑里游泳。

那时候，东四块玉一带就是郊区，后来在那一带建起了体育基地，慢慢热闹起来。东四块玉也改名叫龙潭湖了。

去东四块玉游泳，很快被大人知道，坚决不允许这种冒险，我们只能去游泳池了。

五十年代的北京，游泳池很少。我家住在城南，附近没有游泳池，要想去游泳，必须要到十几里外的什刹海游泳池去。从我家到前门，再从前门走天安门广场，再到北池子大街，绕过故宫，再绕过北海公园。北海公园后门以北，才是什刹海游泳池。

路程的确不近。往往游完泳走回家，累得两脚发酸。

后来，我们发现了一条捷径：从故宫后门到北海公园后门有一条小路，在北海东侧，叫北海夹道。走这条路，不仅可以缩短路程，还有一个好处，就是在那条小路上可以偷冰块吃。三伏天，一路上嚼着冰块，那是很爽的事。

沿着北海夹道，盖有不少席棚，俗称冰窖场。棚里放着数不清的大冰块，每一块都有半立方米大。夏天，工人师傅把那些冰块往外运，会有些冰块碎了，是可以随便拿的。

后来才知道，那些冰块其实是不能吃的。

有一天我把这个秘密说给同桌听，他笑了半天说，那些冰，就是取自护城河里的，是不能进嘴里的，你算是吃了好东西啊。

同桌告诉我说，他原先就住在冰窖场附近，知道其历史。

清朝年间，建冰窖储存冰块，是为了供应宫里夏天避暑降温、食物保鲜之用。那些冰块是不能当食物的。那时候没有冰箱，更没有人造冰，能运用这种方法去暑纳凉，还是很聪明的。到了民国，遗老遗少们没资格享用，这些冰块就供应宾馆酒店了。我听得半信半疑，直到冬天来临，亲眼目睹了护城河里取冰的场面，知道同桌不是骗我。

三九严寒，护城河结了厚厚的冰，吸引了四九城里的老少爷们。那时候，到了冬季，护城河的冰面上是允许人们行走的。到风和日丽的日子，人们在上面滑冰，玩耍打闹，有的孩子还会在上面小便。

后来，中山公园的护城河一段，开辟成溜冰场，与北海公园和什刹海公园的溜冰场，成为北京溜冰爱好者必去的地方。

年关将临，有一天，我们去逛中山公园，走到护城河边，看见不少工人在劳作。他们在河面上用钢钎划出一条条横平竖直的线条，构成大小均等的长方格，大约有七八十平方厘米。然后用钢钎沿着划线慢慢凿深，等到一块凿好，用木槌轻轻一敲，那块整整齐齐的冰块就会从大冰面上脱开，形成完整的一大块冰。接着就有工人用长长的钢质钩子拖到预先做好的冰道，沿着冰道，拖到岸上运走。冰道是用木板和原木搭成一米宽的斜坡，从岸边直通至河面，便于运输。

看起来，北海夹道冰窖里储藏的冰块，就是这样来的。看到这个场面，想到夏天吃到肚子里的冰块，竟然加进了那么许多"添加物"，不爽了好多天。

转年夏天，我们再去游泳，看到那些存放冰块的席棚，大伙都敬而远之了。

又过了两年，大伙儿觉得游一趟泳，走十几里路，得不偿失，渐渐没有了兴趣。

果然是，不是不爱你，只是我在寻找诗和远方。

"扬旗"落下来啦

我的七伯父是个游手好闲的人。他的小家庭,靠着家族弟兄们养着,自然经常遭到"白眼"。可是,我们这些孩子都喜欢他。他会讲故事,他会逗闷子,他会带着孩子们玩,他不摆臭架子。

夏天,天气好的时候,吃过晚饭,七伯父就会喜滋滋地喊:"去看火车喽!"

我们应和着,随他奔南河沿而去。

城南护城河南岸,大伙就叫它南河沿,护城河以北,是一条铁路。从北方开来的火车就沿着这条铁路开进老北京火车站,也就是几十年前的前门火车站。

日落时分,我们几个孩子和七伯父坐在河沿的土堆上,一边听他讲古,一面等待火车的来临。

忽然有人喊:"看!扬旗落下来啦。"

七伯父瞥了一眼河对岸那根高高铁杆,说:"嗯,落下来了。火车就要过来了。"

七伯父告诉我,扬旗是火车运行的标志:铁杆上有两个如同电风扇页片的东西,上面画着黑白相间的颜色,火车快来时,扬旗牵拉下来；火车过去，再扬起来。

夕阳的余晖中，一列黑乎乎的火车喷着白气，从东面徐徐开了过来。又徐徐向西远去，再有几分钟，火车就要开到北京车站了。

那时候，北京站在前门箭楼的东侧，是带有钟楼的欧式建筑。建筑正面是红白相间的砖石，上端是半圆形穹顶，高大的玻璃长窗，一直落地。

据说，属于英式风格。

前门车站在清末光绪三十二年建成，处于南中轴线与东西护城河的交汇处，是旧时北京外城最繁华的地段。从车站往西走，穿过前门大街，西边还有一个车站，那里以运货为主。当时，在北京还有一座西站，在西直门外，如今早已消失在历史的尘埃中了。

现在的北京有几座庞大的火车站。大是大了，乱也乱得可以。前些年，北京西站的秩序就有些混乱，这两年，北京南站成了"难站"。反倒是1959年建成的北京站管理得不错。那座火车站造型别致，具有东西合璧的风格，当时，是建国十年大庆时的十大建筑之一。

去年，我回到北京，特意去看了少年时代经常梦到的老北京站——前门火车站。

高兴而去，悻悻而归。

车站外观，本来是红白相间的色彩，立面墙是瓦红的砖，配着暖色的大理石装饰带，又古朴又和谐。现在却涂成灰白相间的颜色，透着一丝冷漠。站里面，一点都看不出原先的模样，被商家分割成一小块一小块的商铺。商铺的货物，五颜六色，杂七杂八，俗不可耐，把个大厅彻底糟蹋了。眼前的这个建筑，是一个陌生的躯壳。

即便躯壳还在，那种精神呢，那种风情呢，那种岁月的痕迹呢？

没有了，精致的老北京火车站没有了。

原来的美丽，被人亵渎了。

这些年，我们急于发展，已经毁掉了不少宝贵的老建筑。作为前门火车站这样标志性的建筑，即使是小学生也知道要倍加爱护的吧？

北京前门火车站，面积不大，当然无法适应今天的旅客流量，需要建设新的、建筑面积大的车站。但是，保留老站的原貌，留下一座"凝固的历史"有什么不好？

一位华裔作家追忆陈忠实的一段话："从白鹿原碑望向西安城，日走云迁有些霾隐，极目眺望，灞桥烟柳却都看不到了。陈忠实见此喟叹道：'废气污染后，柳色尽失，尽管正儿八经地建成了浐灞湿地公园，老堤内外也种了稀罕的花草树木，但一时仍难从印象里的灞桥转换，还是怀念过去，爱在柳色喧哗的堤上漫步。'"

文中"柳色喧哗"几个字，用得极妙。

老堤是有生命的，如同一位故人。陈忠实是极难舍弃的。

我在巴黎旅游时，住在巴黎东站附近。那座古老车站现在还在使用。路过时，看着那古色古香的建筑格局，那铭刻着岁月痕迹的廊柱、花饰、落地长窗、老式的大钟等等细节，我不能不想到旧日的北京前门火车站。

应该说，旧时的车站建筑，在国内倒见过几个。我在天津老北站见过，在苏州见过，在青岛见过。记忆中，苏州站还在使用，青岛站更是一片繁忙景象。

有万国建筑博物馆之称的上海，很遗憾，却没有那样精致的车站。

1963年，我第一次来上海，见到老北站有些失望。

那只是一座平平常常的灰色建筑，没有风情，没有色彩，造型呆板。就像七八十年代火柴盒式的居民住房。不过，当时徐家汇西北不远的地方，有一座小小的火车站，很像电影里的欧洲小站，造型别致，没有粉饰过，没有"改造"过。一如风韵犹存的半老徐娘，总会引人频频回首。经常有摄制组去那里拍电影。

如今，她也没有了踪影。

岁月是把杀猪刀，不仅杀掉人们的健康，也杀掉不少老建筑。只是，健康无法回避，建筑却可以。我们应该多珍惜些。

下雪的日子

去年冬天,我的一位中学同学给我发来一则微信,上面有火炉、煤铲、火钩子、烧水壶之类的截图。他说,这是童年的记忆,小时候,每到冬天都会和这些东西打交道,现在这些不起眼的东西,怕是不好寻觅了吧。

命运弄人,桑田沧海,中学时候的同学已经天南海北,人各一方了。我这位学友,如今退休在深圳,地处南国,到了冬天,哪里有北国风情?可能,他想起少年时候在北京过冬天的时日,怀念故园,无以排遣吧。

现在人们都用上了空调,北京人过冬,也很少有人用火炉取暖的。那种小煤铲、铁钩子等物件,不少年轻人都没有见过了。时光在前进,你周围的物品,不知不觉中,就像一只顽皮的小猫,蓦然逃脱,当你回过神来,已不知道跑到哪里去了。

失掉的,纵然当时认为很不起眼,事后,却倍感珍贵。

北京的冬天是很冷的。

但是,上个世纪的六十年代,我初来上海时,觉得这里的冬天比北京要冷得多。当然,只是感觉。感觉,有时像没有签字的合同。

那时候，上海的普通人家是没有取暖设备的。就是住花园洋房的人，用水汀取暖的也少之又少。那需要大量的煤，而燃煤是计划供应的。普通人家烧饭用的小风炉，根本无法取暖。单位里也一样，只有领导的办公室里有取暖设备。

严寒光临时，上班族，如果允许，会带上一个盐水瓶，里面灌上热水，用于暖手。盐水瓶多是从医院里"拿"来的。到了晚上，人们睡前会先用汤婆子把被窝烘暖再入睡。钻被窝是个十分艰难的过程。

汤婆子，我在北京没有见过。到了上海，才知道，几乎家家都有。它是铜制的，有篮球一样大小，如一个扁圆的球，上端有密封的小口，打开，灌好开水，然后，拧紧口盖，开水不会漏出。老上海人，过冬天时，总是用它照顾家中的老年人。后来，汤婆子不再生产了，人们用热水袋替代。热水袋多是橡胶制品，开水灌进去，不但有异味，还极易开裂。是无奈的选择。直到改革开放之后，空调渐渐普及，热水袋也就无奈地退出人们的生活。

有一年冬天，一位长春电影制片厂的导演约我合作电影文学剧本。正值数九寒天，我身处阴冷而潮湿的室内，躲在被窝里描写着温暖，水笔中的墨水都冻得懒洋洋的。

后来剧本拍成影片《生活是美好的》，片中出现不少阳光灿烂的场面。殊不知，作者在描写这些场景时，手冻得瑟瑟发抖，室内并不灿烂。

是的，北京的冬天，外面天寒地冻，室内却热得过分。生活在北京的人，并不觉得冬日有多么难熬。

北京，在少雪的日子，北风呼啸，风沙漫天，建筑物都被"沙幕"笼罩着。雪后,天虽然晴了,风沙小了,建筑物也清晰了,可是,雪后的寒风却是刺骨的。让人想到边塞诗人的诗句。

然而,下雪的日子却很美好:白皑皑的街道,建筑披上了素装,空中飘着雪花,行人们的衣服上也是一片片的白色,公共汽车驶过大街时,留下一道深深的车辙,很快又被雪花填平,孩子们在雪地里活蹦乱跳、在雪地上打滚。尤其在天安门一带,白雪衬着红墙,衬着浓郁的常青树,衬着穿着五颜六色羽绒服的上班族……

种种美丽画面,都出现在雪天里。

那些下雪的日子啊。

那是南方的城市里很难见到的。

读小学的时候,看到下雪天,就像过年一样的高兴。

雪天,是孩子们的节日。几十年之后,仍然不会忘却。

那些年,觉得北京的雪下得很大,积雪也特别厚。

如同心有灵犀一般,夜半,当雪花悄然飘落时,我们这些小学生们就盼望着天亮,盼望着赶快去学校。

雪天的黎明时分,空气里透着甜甜的、湿漉漉的味道。早早上学的孩子们的招呼声,打闹声,阵阵传来,声音里有一丝湿润,含着一种颤音,犹如音乐。

这种动静,只有小学生们才听得出它的美妙。

走在上学路上,天还没有完全亮,朦朦胧胧,地上却泛着白光。如果是大雪天,不同学校的孩子之间就开始打雪仗了。边打边走,边走边打,到了学校,已经是满头大汗。到学校以后,继续参加到打雪仗的阵营中去,直到上课的预备铃响起。

如果在做值日生的日子赶上大雪,那就是一举两得了。

冬天，早上起床是在父母再三"责令"之下才会爬起来的。只有两种情况，是不会赖被窝的。一是下雪天，二是做值日生的日子。

值日生要早到学校，为教室生火炉。轮到当值，至少要比同学们早到半个小时。这时候，就用上小煤铲、火钩子、烧水壶之类了。我那位在深圳退休的同学，会不会想到在寒冷的冬天，早上去学校为同学们生火炉的情景呢。我想，如果再有这样的机会，恐怕他半夜就会睡不着觉了吧。

儿时琐琐碎碎的事，的确很有趣。

大约是这个世纪初，上海忽然下过几场大雪。这是以往少见的。望着孩子们新奇的表情，看着他们在雪地里滚爬撒欢的情景，我忆起少年时的雪天，那不会再来的雪天。

北京的油盐店

上世纪六十年代,北京的油盐店与上海的酱油店差不多。但在五十年代,粮油还没有计划供应时,北京的油盐小店要有趣得多。

我小的时候,胡同口就有这样一家。

那家油盐店,店面不小。说是经营油盐,却形同一家小百货店。除了卖柴米油盐酱醋茶之外,香烟白酒,火柴纸张,铅笔练习本,麻将牌扑克牌,治孩子们头疼脑热的小药片,电灯泡煤油灯,应有尽有。

店是兄弟俩开的,似乎对老酒情有独钟,店内摆满了酒瓶、酒坛,还有两只半人高的大酒缸。酒缸上面盖着半寸多厚的木板,呈半圆形状,两块拼接成一副圆桌面。酒缸旁边摆三五个方凳,有人去小店喝酒,就坐在酒缸旁边。我去店里买东西,时常会看见三四个成人,围坐在酒缸边喝酒行令。

有一天,三个操东北口音的来喝酒。台面上摆一碟炒花生,一碟五香煮蚕豆,一盘酱牛肉,就着白酒,几个人吃喝得如同梁山好汉。那白酒就是从他们身边的酒缸里取出来的,显然质量一般,价格不高。这三个人喝着喝着争吵起来,一个脾气暴躁的家伙掀翻桌面，酒菜掉进了酒缸里。

三个人被带进了派出所。

事后听说，开小店的哥哥本不想把事情闹大，他认为，派出所的人来过，对以后的营业不利。弟弟却说，派出所不来人，那半缸酒，他们会赔吗？兄弟俩争来吵去，到后来，弟弟用大铁锤，打破了酒缸，酒水流了一地。

我很遗憾当时没有在现场。事后，看到一只酒缸果然裂了很大一道缝，用长长的铁锔子锔着。

到我初中毕业时，小店关门歇业。要买火柴香烟、油盐酱醋，就得多跑两个胡同。小店关张的原因，众说纷纭。有的说，因为弟弟背着哥哥偷拿店里的钱；有的说，年终分红弟弟想多拿一份，暗中做了手脚；甚至有人说，哥哥偷弟弟的老婆，被弟弟发现，打瞎哥哥一只眼，兄弟分手，各奔前程。家里人推测，第三种说法最不靠谱。哥哥为人厚道，做生意规规矩矩，弟弟是个滑头，孩子去店里买东西，经常会短斤缺两。

我相信哥哥是站在正义一边的。而且，我也相信，那位哥哥并没有偷弟弟的老婆，因为哥哥没有瞎了一只眼。

那时候，我们在买好东西之后，常常会从那位哥哥手里得到一块水果糖。他还说，好好念书啊，长大了，别像我们。

直到我离开北京前，还特意去看过那个兄弟小店的旧址。幻想着，重新见到我少年时期，经常去买东西的小店铺。

小店早已消失，淹没在崛起的高楼大厦中。那种温情脉脉的记忆，被钢筋水泥的森林，切割成朦胧的碎片，随着时间的轻风远去。

摇煤球与卖黄土

著名相声演员马三立先生说过一段相声叫《卖黄土》。

说的是解放前，北京的穷人家，实在揭不开锅了，就向邻人借一辆排子车，到城郊，拉一车黄土回城卖。基本属于无本生意。当然，一车黄土也卖不了几个钱，但可以吃两三天"混合面"窝窝头，不至于饿死。那种混合面，是用棒子面（玉米面）加上橡子面与下等的小米面混合而成，是最便宜的粮食。

到了上世纪五十年代，北京还有卖黄土的。

当时曾经发生过一件惨案：一天早晨，人们发现建筑工地上的黄土堆突然塌陷。仔细一看，土堆里面竟埋着一个人，那人旁边还有一辆小推车。把被埋的人救出，那人早已断气。人们揣测，那人是半夜里偷工地上的黄土而丧命的。他偷黄土的方法是从黄土堆底部挖洞，顺着洞往里掏。夜里偷了，白天人们只看土堆表面，不易发现被盗。这样，夜里他还可以继续盗挖。谁知，那个小偷贪得无厌，一而再地盗洞，洞越挖越大，终于洞顶上的土塌陷下来。

那么，有人买了黄土，干什么用呢？

摇煤球用。

那时候，北京人做饭、取暖大多是用煤块，因为烧煤球不如烧煤块火力猛。当时，我家还没有分家，全家几十口人吃饭，小锅小灶是解决不了问题的，需要用大炉灶，烧块煤。我曾看见我家的厨师（北京叫大师傅），嫌火势不旺，还要抓一把粗盐，丢在炉灶口，火苗马上升腾起来。

北京卖煤的多是用马车拉，一车煤，当面论价，并不零售。卖煤的都是从西山拉过来，至于西山的煤，从何而来，就不知道了。拉煤的车就是一般的马车，只是用一米高的芦席把四周围住，免得煤块在运输途中掉下来。一车煤里，有大小煤块，也会有不少煤末。这些剩下的煤末就用来做煤球。

煤末没有黏性，团不起来，无法做成煤球。黄土就是煤末的黏合剂。

把黄土与煤末按比例拌好，浇一点水，就可以做煤球了。小户人家，买的煤不多，煤末少，他们就买一筐黄土，自己把煤末和黄土搅拌好，自己捏煤球。

煤末多的，就需要请摇煤球的人上门服务。

摇煤球的一般是两个人合伙。其中一位，肩上挑一根扁担，挂着箩筐、筛子；另一位扛一柄锄，一柄铁铲，上面挂着瓦盆。在街上吆喝："摇煤球啰，有摇煤球的没有？"

摇煤球的师傅一般穿黑衣，脚面上罩一块布，防备煤灰掉进鞋里。在吆喝声中，有需求的人家，就把工人请进院子。在此之前，这家人一般都要把黄土备好的。摇煤球的人，不管提供黄土，似乎与卖黄土的也没有联系，不像现在可以服务一条龙。

工人进到院里，先把一块较大的地方打扫干净，这就是工作场地啦。他们用细筛子把煤末筛一遍，筛出一些小煤块，留下的细末，和黄土按比例拌合加水成膏状，然后在地上摊成一寸厚的硕大煤饼。煤末多的，那个煤饼可能要摊十几个平方米。煤饼摊好，由另一位师傅用锄头像斩刀一样把煤饼切成一寸见方的小方块。这道工序技术含量很高，有经验的师傅会把煤块切得整整齐齐，大小如一。这样，准备工作就算完成。

到此，两个工人师傅已是满头大汗。抽一支烟休息片刻，切好的方形煤块也收了一些水分，接着就开始摇煤球。摇煤球看起来复杂，其实简单：他们先把直径一米多的箩筐摆在小瓦盆上面。以瓦盆作支点，便于箩筐摇动。准备停当，工人师傅就用大铁铲，铲一部分膏状的方形煤块到筐里，只轻轻摇动数下，方形煤膏就变成圆圆的煤球了。

看师傅们摇煤球，联想到正月十五摇元宵，办法是一样的，只是一黑一白。

到了五十年代末，"摇煤球哎"的吆喝声渐渐在胡同里消失了。现在，煤球都是机制的，老式摇煤球技艺慢慢失传，连世上有过摇煤球的行当，知道的人也越来越少了。

我不知道上海过去有没有摇煤球的，至少六十年代初的上海，是没有的。

想来是有原因的。当时，上海冬天没有取暖设备，不烧煤块，很少有煤末产生。上海人家烧饭的火炉也比北京的小许多，多是烧机制煤球，后来烧蜂窝煤饼。

七十年代初，我刚成立小家庭，搬进杂居的花园洋房。这幢大房子有三层，还带有阁楼，住了十来户人家，拥挤热闹，令人想到滑稽戏《七十二家房客》。原先厨房是有的，过去独门独户，主人有佣人伺候，厨房设在底楼，没有什么不方便的。如今搬来七十二家房客，住二三层和住阁楼的人家去底楼烧水做饭，就极为不方便，于是，每家人都在自家门前放一只小煤球炉烧水做饭。

我们搬进的第一天，邻居就给我们送来开水，热情说，我家的风炉一直开着的，用开水，随时来泡。

邻居们用这种方式表示对我们的欢迎。同时，也提醒了我和妻子，小家庭，意味着柴米油盐酱醋茶，首先要有一个烧饭的风炉。

我们买来新的火炉，准备自己生火。按照观察得到的方法，先把小木柴放在炉底，放一些引火的废报纸，点燃，待到木柴燃旺，放上蜂窝煤，看着火苗从蜂窝煤的小洞里往上蹿，我们俩高兴得不得了。可是只过了几分钟，木柴燃烧得差不多了，上面的新煤饼突然下沉，一下子就把烧得差不多的引柴砸灭。上面的蜂窝煤也渐渐熄灭。

第一次生火炉的行动宣告失败，妻子急得哭了。后来邻居告诉我们，生炉子之前，先要在炉底放一块烧过的蜂窝煤，在上面加木柴引火，火旺了再加新的蜂窝煤，这样，引柴燃尽时，才不至于前功尽弃。

上海人日子过得精致，上世纪六七十年代，人们日子过得清苦。工薪阶层，人均收入不过三四十元。一切开销都要精打细算。那时候，不少人家逢到发工资时，都去买两三元的印花，贴在一张纸上，到了年底也有三十几元的进账，等于自己给自己发双薪。

日子过得节俭，买煤球也会精打细算。一来，钱少；二来，搬煤也是麻烦事。北京运煤用箩筐，上海用的是木条制成的木箱。箱子有七八十公分长五十公分高,中间镂空,一箱煤球或是蜂窝煤,总有百十斤重。原来送煤工人把煤送至房门口,后来,由自己搬运。常常为了买一次煤球,累得半死不活。逼得大家用煤不得不节省。

北京人用煤从来不知道节省,住四合院时,搬运煤球不是太难,后来人们搬进新公房,都是有煤气供应的。那些住新公房或商品房的人,对于能源的浪费简直是熟视无睹。

到了冬天,房子里的暖气开了,室内温度一下子就会达到三十几度。室外是零下十几度,室内却是三十几度的情况经常发生。人们常常开玩笑说,北京人在家里过三伏天,出门过三九天。为此,很多人在室内只穿一件衬衣,出门穿一件毛衣再裹上一件臃肿的军大衣了事。

平日爱美的大姑娘小媳妇也莫不如此。

近十来年,北京姑娘们穿着向上海姑娘学习,开始"美丽动人"起来。这一两年,北京姑娘们的服装打扮更有与国际接轨的势头,是不是要赶超上海的美女们呢?

与北京形成鲜明对照的是上海。

在空调没有普及的年代,上海人几乎要挨冻一个冬季。工厂、学校、办公室,都没有取暖设备。那时候,一般的上海人家只有烧饭的小火炉,很少有取暖的炉子。冬夜,人们上床睡觉,都要犹豫半天,进被窝的那一瞬间,简直像受刑。虽然有"汤婆子",那是给孩子和家里老人使用的。考究的人家,也有用电熨斗的。熨斗有一根长长的柄,便于把被窝熨热。多数人家还是用汤婆子。

汤婆子是铜质的暖壶,里面注入热水,可以保暖很长时间。汤婆子较贵,代用品是热水袋和盐水瓶。医用的盐水瓶和汤婆子的作用是一样的,只是保暖的时间要短得多。这种简易汤婆子家家户户几乎都有。到了寒冬的日子,坐办公室的女士们,人手一瓶,成为上海冬季一道奇异景观。

北京人在冬天室内的取暖方式,令初到北京的人,或者到北京临时做客的人几乎都受不了。除去住四合院的居民,北京的居民楼多是集中供暖,暖气开到最热,温度热过三伏天。在市民心目中,利用热能的多少似乎与己无关。

近年,这种做法有所改变,因大量燃煤引起的空气污染,使得各方管理层为之重视,也让北京市民认识到,以往在冬季过分使用暖气,不只是严重浪费的问题,还是环境的破坏而影响子孙后代的大事。

上个世纪五十年代,北京人取暖,用的一种煤炉,现在已不多见。那种煤炉一侧有一个出烟口,接上烟囱,通向室外。

有个别人家,不用带有烟囱的火炉。每到冬天,大意失荆州,常常发生煤气中毒的惨剧。那年月,人们科普知识不够,不知道置人死地的一氧化碳,是无色无味的,以为,没有闻到呛鼻的气味,就天下大吉。殊不知,狠毒的杀手,往往是隐形而不动声色的。

没有金刚钻不揽瓷器活

我家胡同口的小店,是兄弟俩开的,在一处土坡上,有四五级台阶通向门口。小店有一个字号,叫某某轩,说起来不顺嘴,我们索性就叫它高台阶。大人吩咐,去高台阶买瓶酱油,孩子自然就奔到那个小店去。一次,高台阶的酒缸破了,用长锔子锔好。

上世纪五十年代,是有锔大缸的。不知道,那时候上海有没有。来上海之后,我从来没听说过。

记得大人们说起一出戏,就叫《锔大缸》。说的是一个锔碗匠和女佣人调情的故事。估计有些黄色,大人们议论时总是悄声而神秘的。

我始终没有见过生活中锔大缸是如何操作的。不知道,使用的金刚钻有多大,想来该是不小的。因为,那锔子就有三四寸长。锔缸的金刚钻自然不会太小,操作起来也会比较麻烦。

我只看到过锔锅锔碗的。锔碗匠使用的是极小的金刚钻。常言道,没有金刚钻不揽瓷器活,这里说的金刚钻就是用来锔瓷碗的。

锔碗匠的操作蛮有意思。

匠人先把破碎的碗片涂上灰色的粉,防止钻孔时打滑,然后,把碗的两片对拢，在两边用笔做好钻孔的标识。准备工作就完成了。下一步是钻孔：匠人把镶着金刚钻的杆缠在弓的线绳上，之后，他就像拉胡琴一样拉动弓弦，金刚钻就会转动起来，在碗片上打上一个个小孔。再下一步，把钢锔子准确地放到破碗两边的钻孔上，用小锤槌紧。于是，锔子就像拉链一样排列整齐，破碗就算锔好。

这样繁琐的表述过程，还不一定说得详尽。只是希望年轻人知道早年那些匠人的辛苦与生活之不容易。

物资匮乏的年代，有句口号叫"新三年，旧三年，缝缝补补又三年"。主张人们利用旧物，不舍不弃，直到实在不能使用。那时候的锔碗匠，当然有用武之地。到了今天，没有任何人再把破碗锔起来。锔碗这门行业也就走到尽头。

前些天，雨伞的一条撑骨坏了，想去修一下，满世界找遍，也没有找到修伞的。想想也是，买把雨伞只十元二十元。修把伞，人家向你讨多少工钱呢？

拉动内需，就不能抱着破旧东西不放，就是说，旧的不去新的不来。

时代不同，消费观念迥然不同。

退回一二十年，上海街头，到处有修自行车的。补胎、打气、换辐条，都是要一门手艺的。这两年，这些自行车铺，已在街头消失，偶尔在偏僻小街口，还能看到。那摊头，一副不景气的样子，几乎没有什么人去补胎、打气。如今共享单车满大街都是，谁还抱着个老爷自行车，修了又修呢？

天桥的把式,光说不练

老北京有句俗语:天桥的"把式",光说不练。这句话是讽刺那些言过其实、夸夸其谈、不顾实际的人。用我们中学语文老师的话说是,"语言的巨人,行动的矮子"。

这句话是我们同学背地里开语文老师玩笑的常用语。

"天桥的把式"是北京人的口头语,我在上海生活了几十年,几乎没有听人说过。

那么,天桥的把式真的是光说不练吗?

只有逛过天桥,才能给出答案。

沿前门大街,一直往南,快到永定门脸儿,路西的一大片地方,就是天桥的所在地。

上世纪五十年代,那里还很热闹,绝对是吸引人的娱乐场所。到那里去逛的,多是体力劳动者,或是外地人。

天桥,是五行八作,人流复杂,秩序混乱的地界,家里的大人是不允许我们去玩的。但是,我们孩子把那里视为游戏的天堂。背着家里,偶尔和弟弟堂哥堂弟几个偷偷去玩一把。

我堂弟的一个同学和我家住同一个胡同里,总是他牵头引我们去逛天桥。这孩子学习不好,人长得高大,憨厚老实,大伙都说他有点傻,不愿意带他玩。他家是做铜器的,有一家小作坊,收入不错,又加上他是独生子,零花钱多,逛天桥,十有八次是他埋单。我们的理由很简单:我们不要去,是你邀请,当然你掏腰包。

放暑假了,胡同的孩子们迎来了阳光灿烂的日子,我们玩的内容很丰富:去郊外捉蛐蛐、打枣,在胡同里弹玻璃球,滚铁圈,抖空竹,天黑之后,在行人少的地方,"竖墙根儿",练倒立。

可是堂弟的同学没有人跟他玩,耐不住寂寞,就找到我们:"上不上天桥?"

"不去。大人不让。"

"就去一次,今天天儿多好。钱都是我出。行不行?"

"那得带上铁山他们。"

"行,行。"于是五六个孩子浩浩荡荡逛天桥去了。

对孩子们说来,那是有吃有玩的地方。可以看练把式的,听练摊的说书先生。那里还有唱大鼓、说相声、说评书、弄单弦的,热闹嘈杂,三教九流应有尽有。

我们到了天桥,对这些,没有什么兴趣,就先去吃爆肚儿,吃炒肝儿,特别热的时候,喝冰镇果子露和酸梅汤。有时,回到家,肚子会不舒服,是那些饮料起的作用。但是,这种反应绝不敢跟大人说。不然,再想去天桥,门儿都没有。

天桥的把式,并不是光说不练。我们就看过艺人宝三练举空翻;不知名姓的把式棍棒与单刀的对打。只是,那些"练家子"说的多,练的少,让我们兴趣索然。我们还站在说书场子旁边,"蹭"着听过评书。

那个场子，是用十几条板凳围起来的一块地方，五六十平方，出钱的成人，坐在板凳上，我们不出钱的孩子站在外围。那位说书先生，并不赶我们，好像认为，我们是给他"站脚助威"的。

说书先生，三十几岁，文质彬彬，穿的也干净利索。说起书来，轻重缓急，抑扬顿挫，悬念迭生。我听过他说的一段《永庆升平马成龙》，说得有声有色。他可以操着北京话、山东话、山西腔、河南话来塑造不同的人物。

我们还溜进戏场，看了几分钟戏，又溜了出来。因为演出的剧目，我们毫无兴趣。不过，见识了伙计送茶水，"丢手巾把儿"的情景，一如侯宝林大师说的相声《三棒鼓》那样：场里，人声嘈杂，卖烟卷儿的、卖水果的、递茶水的穿梭其间，台上的演出与台下观众的对话声、招呼声混成一片，煞是热闹。

天桥临街处，有一座简陋的电影院，原先叫中华电影院，后来改名为天桥影剧院，最后，在原址上改建成今天的天桥剧场。六十年代，天桥剧场算是北京设备较好的演出场所。一些有影响的演出，经常在那里进行。当时，李光曦主演的《茶花女》，就是在那里首演。

六十年代初，我来上海，上海大世界已经停止开放，至今，我也没有逛过。不知道它与北京天桥，在当年有什么相似之处？

前几年，我去北京，想去重游故地。只见天桥剧场还在，那些"练摊的"、卖小吃的、说书先生，早已迷失不见。毕竟，过去了半个世纪。

偶遇一位长者，问："天桥是不是，挪了地方？"

那位老人家指着一片居民楼说:"天桥没挪地界,没有啦。你看,那就是原先的天桥。都是住人的大楼啦。窗户小的是公房,窗户大的是商品房。"

我望着那片居民楼,知道,天桥真的也离开近半个世纪了。

最有北京土味儿的天桥,就此谢幕。

金鱼池和九天玄女娘娘

北京天桥穿过前门大街,往东数里,有一处水池,叫金鱼池。

金鱼池是典型的城中村。

老舍先生曾说,旧时的北京,刮风是香炉,下雨是墨盒子。

北京南城,尤其如此。

在这块晴天尘土飞扬,下雨处处泥泞的地方,陡然出现阡陌纵横、清水处处的一块宝地,这就是金鱼池。

那是很大的一片水池,池水被纵横小路隔开,形成大大小小的水塘,人们就在那里养小金鱼。池水清澈,堤岸平坦。池中水草萋萋,岸边几株垂柳。阴天时,凉风拂面,空气清香。晴日,波光潋滟,水鸭嬉戏。在枯燥的南城,那是水灵灵的别样天地。

那时候,到了春天,街头就会有小贩挑着担子吆喝:"大溪吆,噢小金鱼儿咪。"那些金鱼大约就来自金鱼池。

卖金鱼的一头挑着木质的水盆,一头挑着一些小的金鱼缸。鱼缸呈圆形,直径二十公分上下,玻璃极薄,不小心就会打碎,属于临时用品。如果一本正经要养金鱼,市场上可以买到质量好,不易打碎的较大鱼缸。另一头水盆,一隔为二,一边放金鱼,一边放小蝌蚪，北京人叫蛤蟆咕蚪。说是春天孩子吃一点这个，夏天不长疖子、不生痱子。

其实未必。

新中国成立初期，金鱼池虽好，周围环境却日趋恶劣。不远处就有几家硝皮作坊，那种兽皮和芒硝混合发出的气味，令人窒息。

从我家去天桥，经过这一带，应是最近的路线。但我们舍近求远，宁可多走几里路，也不愿经过这里。

金鱼池和硝皮作坊是个奇怪的组合。低矮的木屋与破败的四合院，散落其间，皆是穷人住处。老舍先生笔下的龙须沟，大约即取材于此。

五十年代中期，那片作坊整顿，金鱼池也被改造了一番。结果，齐整是齐整了，田园风光却已经荡然无存。金鱼池也改名为龙潭湖了。

看起来，整齐划一未必都是好事情。

我依旧怀念那片没有整改过的池水，那片有着诗一样名字的金鱼池。虽说，在这美好的背后，还有着令人寒心的另一面。我说，即便草原上生有荆棘，却要比荒漠更能让人联想到春天。

金鱼池以西的那片小作坊和破败的大杂院，有着种种传说。

那片穷人居住的地方，是《龙须沟》人物的住所。据说，清末名妓赛金花晚年也住在这一带，直至谢世，葬于陶然亭。

赛金花是个传奇人物，又是颇有争议的人物。

赛金花十几岁堕入风尘，后来，嫁与洪钧成为状元夫人。曾经随夫出使欧洲，因而认识了瓦德西。八国联军入侵北京时，联军统帅即是这个瓦德西。赛金花为了救北京百姓于水火，去见了瓦德西。

后来，夏衍发表剧本《赛金花》，就写的这段往事。

余生也晚，不知道当时这个女人跟老瓦说了些什么，也不知道她的努力，对当时北京的老百姓有否益处。但从赛金花死后齐白石老人为其写墓碑一事看，赛金花还是做了一件善事。

齐白石弟子在《齐白石一生》中，有这样的记述："1942年，齐白石八十二岁。前六年，即1936年，赛金花饥寒而死……齐白石为她写墓碑。内容是她亲笔题写的'国家是人人的国家，救国是人人的本分'。"

鲁迅先生对这件尘封往事，也有过一段著名评价："连义和拳时代和德国统帅瓦德西睡了一些时候的赛金花，也早已封为九天玄女娘娘了。"

齐白石和鲁迅同样是大师级人物，对一个青楼女子有着截然相反的对待，令我茫然。说起来，在中国的笔记小说和野史中，名妓的沉浮，往往与一些关键事件相联系。

比如明朝末年，"冲冠一怒为红颜"的吴三桂与陈圆圆；比如宋徽宗与名妓李师师。

同样，赛金花的曲折人生，亦成了一段历史的侧影。

在民国时代，还有一位名妓，叫小凤仙。

说到九天玄女娘娘，我倒见过她老人家的画像。当然是画者的杜撰。

传说中的九天玄女娘娘，原是上古神话中的传授兵法的女神。后经道教奉为高阶女仙与术数神。虽然她在民俗信仰中地位并不显赫，但她是一位深谙军事韬略法术神通的正义之神。

一天，我去拜访我的中学同学。他住在北京鲜鱼口内的一条胡同里。房子早已不是我中学时代的模样,横隔竖隔的如同八卦。在一间小屋的角落,看到他的夫人设的香案。两盘糕点,两盘鲜果,三炷高香,青烟袅袅。墙面上就是九天玄女娘娘神祇。那画像,果然是"宛如一片慈云从地起,豪光万丈照其身,头戴凤冠珍珠缀,身披霞翠九彩衣"。神像一旁写着一段咒语,曰:"奉请九天玄女,太罗真仙,身骑白鹤,脚踏紫云,手持空剑,收斩邪精……敢有作法,救济万民。"

我悄悄问同学:"你也信这个?"他笑而不答。

走出同学家门,我想,幸亏他的夫人不是信的"全能神""人民圣殿",不然,不是很可怕吗?

人来到世界上,知道自己的渺小,"未知"扑面而来,就有一种恐惧,有不安全感,因而寻求宗教庇护。

走在生活之途,我们茫然四顾,何处是远方?

那年，在广和楼

少年时代，觉得北京城大得没边儿。其实，那时候的北京城，只有今天北京的几分之一。记忆中，北京的胡同又宽又敞亮，现在看，旧时的胡同，是狭窄逼仄的。

改革开放初期，老外坐着三轮车逛北京胡同，成为新闻。今天，来自天南海北的中国人逛逛南北锣鼓巷，已经是司空见惯的事了。

北京的胡同，胡同文化，承载着几百年的历史记忆，承载着老北京人的悲伤与喜乐。

北京变大了，北京变新了，北京也变得缺少京味儿，缺少了北京人认为的那种土味儿。

就说前门大街。

上个世纪，这条大街，算得上是京城标志性建筑群。1949年，北京和平解放，解放军入城式的历史性照片，拍的就是前门大街。

前门大街，并不太长。打前门楼向南，直抵永定门，不过几里长，在北京南城，算是繁华的主要街道了。

新中国成立初，前门大街街口还有一座牌楼，是单面的，不像东四、西四，都有东西南北四座牌楼。老北京人，不管东四叫东四，而是叫东四牌楼。那时候,拉三轮车的总是这样揽生意:"先生,您上哪儿?前门脸儿?好嘞,您坐好喽。""大爷,您到西四牌楼,然后朝东去,还是朝西?"

前门脸儿,就是前门朝南的地方。打前门朝北,穿过正阳门,就到了天安门广场。过了金水桥,穿过午门,就到了故宫前面的广场。以前的戏词里有"推出午门斩首",指的就是这道门。

新中国成立初,天安门广场两侧,建有高高的围墙,围墙外是马路,围墙里面才是广场。

金水桥南面的长安街一段,原先,东西两边各有一道不高的红墙,墙上各有三个门,故名三座门。五十年代中期,天安门改建,广场两侧的围墙和三座门拆除;到建国十周年大庆前,广场两侧建起人民大会堂和历史博物馆,才形成今天的天安门广场的规模。

从我记事起,午门外已经不是刑场。北京枪毙人是在菜市口,还有说是在陶然亭一带的。

前门脸儿朝南直达永定门,统称是前门大街。前门大街是南北走向的,沿途还连着东西走向的鲜鱼口、珠市口和大栅栏等地。那些地方都是商业区,所以前门大街便显得越发热闹。大栅栏,北京人叫"大什拉儿",至今也不知道为什么要发这个音。

直到今天,大栅栏还是个北京著名的旅游景点。去北京,不逛大栅栏等于白来北京一趟。就像去大上海,不去逛逛淮海路,不到南京路走走,人家会笑你白去了一趟上海滩。

沿着前门大街,一直往南,快到永定门脸儿,就是热闹的天桥市场。天桥市场的马路东边,是天坛公园。

天坛里的祈年殿,在世纪建筑史上,颇有地位,被认为是中国古建筑的优秀代表。民国时期，邮票上印的就是祈年殿。

前门大街一带，是个十分有趣的地方。大栅栏马路对面就是鲜鱼口。那地方，以前可能是鱼市。我记事之后，从来没有看到那里有鱼货交易，连根鱼骨头都没见过。

鲜鱼口，非常有老北京的特色。小街不宽，街道两边，鳞次栉比地排列着形形色色的商铺小店。卖食品百货的，开茶馆酒肆的，经营古董字画的，应有尽有。我印象最深的是，那里有老字号的全聚德和有名的同乐戏院。

后来，同乐戏院改成了大众剧场。门前挂有红底白字的水牌。上面写有当日演出的剧目和领牌的名角儿。经常可以看到写有童芷龄、童祥龄、袁世海、马连良等老板的名字。那时候，这个剧场虽然比不上长安剧院，在北京也算数得着的。

大众剧场不远，还有一个广和剧场。从前门牌楼朝南不远，向东，拐到一条小胡同，可以看到上世纪六十年代建的一座式样呆板的剧场建筑，这就是广和剧场。

广和剧场的前身也是一座戏院，名广和楼。

清代，北京是戏曲艺术的中心。据说，鼎盛时，京城的戏园子有四十多座，数广和楼历史最悠久。

这块地方，原是明朝末年盐务巨商查家的花园，改建成戏园子，就称查家楼。后改名为广和楼。后者要吉祥、上口。

清朝年间，戏院叫茶园，客人以饮茶社交为主。听戏，只收茶资，不卖戏票。到了清末民初，才改了规矩。

那些年，京城听戏之风盛行，还得感谢一位人物：乾隆。

京剧，因乾隆的喜好而诞生。

当年，享有盛名的四大徽班，奉旨进京演出，极受乾隆青睐，也迎合了满族贵族们的喜好。京剧快速发展，戏园子当然水涨船高了。

广和楼也就有了黄金时期。

时过境迁，我第一次见到广和楼的时候，已是浩劫过后，荣华不再，蜜月难寻，剧院已成废墟一片。我站在颓墙断壁之下，无论如何想象不出当年那些达官贵人、公子小姐们进出的繁华景象。

那是五十年代中期，我们一帮同学去前门箭楼玩。当时，箭楼里面还可以出入，有时，里面还会举办科普展览。那天，几个人高兴而去，里面却陈列着一些令人生厌的东西。大伙正想打道回府，有人提议，去广和楼玩。

广和楼？没听说过。

听戏要钱，我可没有。

众人议论纷纷。提议者洋洋自得地说，跟我走吧！

到了地方，大伙都惊呆了，哈，还有这么有劲的去处哇。这里就是一片废墟了。墙壁坍塌，门窗全无，原先的二层楼面，梁柱歪斜，有的地方出现不少大洞，从二楼直接可以看到地下室。大厅顶上一些水泥板坍落下来，欲断非断，劲风里，荡来荡去。水泥里面的钢筋半裸半露，简直像战争的场景。北京城里，哪里还能找到这样绝妙的去处呀。这绝对是玩官兵抓强盗的好地界。

后来听说，这样的场面是一场大火的结果。灾难何时发生的，无从知晓。

反正，那天，我们在那里玩到天黑。其实，天黑之后，气氛更妙，只是，回家太晚要吃苦头的，只能"不尽兴"地尽兴而归。

过了不久,我们再想去玩,废墟已经被木栅栏围了起来。一年之后,那里开始重建广和剧场。剧场建好,我们去看过两场电影。但是,式样平平的建筑,兴味索然的影片,引不起少年们的兴趣了。

毕竟,少年不知愁滋味。

卖油郎轶事

三月,南国春意渐浓,天气渐渐暖和,油菜花也开了。

油菜花开时节,那一片片黄澄澄的花朵拥挤着、摇曳着,漫布于田野间。它们仰望着春日的晴空,满足地敞开胸襟,把瑰丽的颜色展现给世界。

油菜花本不是用来观赏的,而是待油菜花结成花籽之后,用来榨油的。榨出的油,就是所说的菜油。

菜油,大多人家是不吃了。有钱、有闲的城里人,才去欣赏油菜花。

赏油菜花好的去处之一是江西婺源。

婺源最佳选择是篁岭。每到三月底四月初,上海人趋之若鹜地跑到那里。

其实,上海郊区也可以看到油菜花田。

上个世纪六十年代初,我大学毕业分配到上海,不几天,就被打发到上海郊区奉贤县去搞"四清"。四清工作队队员要和贫下中农同吃同住同劳动。我住的农家,就用菜油炒菜,开始我吃不惯,对油菜花的印象却加深了。

早春时节，农民在地里先种上草头，那些草头长得绿油油的时候，很少一部分作为蔬菜，其余的翻到地里，做肥料，在上面撒上油菜种子，待到阳春三月时候，油菜花就开放了。再过一些日子，花瓣慢慢凋谢，结成了油菜籽，成为榨油的原料。

北京郊县是不种油菜的，也没有菜油。北京有一种蔬菜叫小油菜，与榨油的油菜不相干。

北京人主要吃花生油、豆油和香油。香油，上海叫麻油。其实叫麻油更确切些。因为那是用芝麻榨成的。

北京和上海都认为小磨香油最好。

五十年代的北京，胡同里的居民是安静的。只早晨喧闹一阵：卖菜的来了，卖西瓜的来了，隔三差五，卖油的也光顾了。

常来我们胡同卖油的，是个地地道道的卖油郎。那时，放映过一部影片叫《卖油郎独占花魁》，取材于《三言二拍》中的一段故事。

当时，我们看那个卖油人，与电影里的那位卖油郎真有几分相似。他二十四五岁，长得白白净净，浓眉大眼，身材颀长，文质彬彬像个书生。

这小伙子得到胡同里大嫂大婶们的好评，不仅容貌讨人喜欢，说话和气，买卖也公道。

卖油的小车，用一辆平板三轮改造而成。平板车，就是上海的黄鱼车。小车上放三五个木桶，分别装着豆油、香油、花生油、酱油之类。小车推到胡同口，卖油郎拿着木梆子敲几下，人们就会出门打油。跑在前面的，多是年轻的大妈大婶和小媳妇。

那木梆子，如今已经不大见到了。是用一块书本大小的木块，中间镂一道深深的槽,有些像木鱼,只是方形的。底部有一个木把,拿在手里,用一只细木棒敲打,声音清脆悠长。

听到梆子声,主妇们就会拿着空瓶出来打油。

卖油郎先把木桶的盖子揭开,用油斗轻轻地斟上油,再把一个漏斗的尖端对准买家手里的瓶口,将油斗里的油慢慢倒进漏斗。漏斗里的油全部滴完,稍等片刻,才把漏斗从瓶口移开,然后重新斟少许的油加到瓶里。绝不缺斤短两,童叟无欺。

那油斗、漏斗都是马口铁做成。油斗如一个水杯,一侧接一个长柄,便于提上放下。油斗的容量正好是半斤,另外还有更小的油斗,我不大见到。

他的油车亦如其人,收拾得一尘不染。夏天,他常穿白色短袖衬衫,一条淡色裤子,腰间围一件围裙。围裙从来是干干净净的。

暑假期间,听到梆子声,我们就会跑出门。大嫂大婶们打油,当然没有可看性,我们另有所图。

有一天,我的一个堂姐出来打油,之后,把我拉到一边悄悄问:"你看出来没有?"

我糊里糊涂地说:"看出什么?"

堂姐笑笑说:"你真笨。没看出来。"

我傻乎乎地看着堂姐。

"你没有留神?每一回,卖油的来,她都出来打油。"

"谁呀?"

"小白鞋呗。还能有谁?"

后来,我留意了一下,果然,卖油郎一来,我们胡同里的"小白鞋",准会出来打油。

小白鞋叫什么，我不知道。只知道她是个三十岁、没有出嫁的老姑娘。长得那么好看，没人要，也真是邪门儿。听大人说，有人给她介绍过不少对象，都谈不成。

为什么？没有人弄得清，只是谣传她在等那个跑到南方去的"相好"。这一等就是五六年，男方音信全无。说是那个男的，原是个大学生，北京解放不久，跟着解放军南下工作团，过了长江。

有一天，卖油郎又来胡同，小白鞋照样出来。这一回她开了口，问："大兄弟，你到底姓什么呀？"

卖油郎低头不语。

小白鞋闹了个大红脸。

后来，堂姐跟我说，小白鞋去南方的那个"相好"，长得很像卖油的，所以……

我说："谁告诉你的？"

她说："这你就别管了。"

过了一些日子，我就把这茬忘了。

我才不管小白鞋小黑鞋呢。

我们的兴趣在卖油的交易之后。等到卖油郎生意做好，买油的人逐渐散去，我们一些孩子就围上卖油郎，听他讲奇闻轶事。

我们到了他面前，他就开门见山地问："是不是还不相信？"我们说："当然不信。"他笑笑说："不信，摸摸呀。"于是我们一个个伸手到他的围裙里面一摸，那小东西果然是硬硬的。有人问："一直是这样吗？"卖油郎说："当然，骗你们是小狗。""白天晚上都这样吗？""那还用说。"

我们愕然。

下次来了，我们还会重复这些问话。

少年不知愁滋味，卖油郎给我们整个夏日增添额外的乐趣，成了胡同里男孩子们的秘密。

又过了两个夏天，卖油郎不来了，换成一个胡子拉碴的老头。衣服当然不如卖油郎那样干净，打好的油也不会再添上一点。

再有梆子响，我们也不会出去了。

开始有人说，那个卖油的小伙子病了，后来传出消息说，卖油郎与老板的女儿好上了，让老板打断了腿。

过了好多天，有一天早上，我的那个堂姐忽然跟我说，嘿，你猜怎么着，我看见谁了？

我说，我怎么知道。

她说，就是那个干干净净的小伙子。

我愕然。

堂姐说，还想不起来？那个卖油的。

噢，他不是成瘸子了吗？

堂姐说，根本没瘸。他改行了。打小鼓了。

我半信半疑说，收破烂啦？他那个相好的呢？

堂姐说，都说得肺痨死了。她喘了口气又说，我看哇，八成是得相思病死的。

我说，他们俩结婚不结了，像刘巧儿似的。得什么相思病呀。

堂姐轻蔑地看了我一眼，从牙缝蹦出两个字：木头。

那个卖油郎再也没有出现在我们胡同。

多年后，我移居到上海。一天到油漆店里去零拷油漆，看到一位年轻的售货员，他给顾客拷油漆时，几乎一滴也滴不到外面。他的工作服上沾的油漆只有寥寥几点。小店里也收拾得干干净净。看着他精致的动作,我忽然想到了少年时期,那位游走胡同的卖油郎。

那个卖油郎娶到他心仪的姑娘了吗?我无从知晓了。

我们胡同那个小白鞋等到她的南下的"相好"了吗?我也无从知晓。

打小鼓，收破烂

提倡节约的年月似乎已经过去，也许将来会有，至少，目前看不出趋势。不过，老祖宗和老祖宗的祖宗都教导我们说节约是美德。

美德的确是美德，暴殄天物在什么时候都是应该受指责的。

物资匮乏时代，提倡节约是有钱人和当权者对穷人说的美言。富人们只是把节约这面旗帜，用来挥舞，教训别人，自己却是要花天酒地，他才不想节约什么。穷人明明知道这是谎言，但是不得不厉行节约。

于是，收破烂的行当应运而生。

上世纪五十年代，收破烂的经常会在胡同里出现。这个行当有高低之分。高档的，只腋下夹一块布包，并不吆喝，只手持一只小鼓，用一根很细的竹棒敲打。小鼓略比银元大一点，收货人用拇指和食指夹住，另一只手用有弹性的竹棍敲打，发出响亮清脆的声音。声音独特，决然不会与其他声音混淆。人们一听，就知道收旧货的到了。

这种收旧货的，斯文、规矩，彬彬有礼，与人讨价还价也是慢声细语，如书生派头。他们一般只收贵重旧物，尤其是金银首饰、

"袁大头"、瑞士表之类，或者是红木家具、古玩字画。人们传说，打小鼓的，三年里，十人之中，必有一个发家。虽是传言，他们那种敬业精神，证明此话有相当道理。

记得，当时我家一只紫檀木的写字台要出售，那位收旧货的人前后跑了不下五趟，虽说，锱铢必较，语气却一直温文尔雅，最后只能听他的开价。那种软硬功夫，的确令人佩服。

另一种低端收旧货的，肩挑一副箩筐，满大街吆喝："破烂，我买，有破烂，我买。洋瓶子、碎玻璃、旧衣服我买。"这是名副其实的收破烂的。他们高档旧物不收，泾渭分明，专收废弃之物。或许各行有各行的规矩。

到了六十年代，个体的收破烂的渐渐消失，代之的是废品收购站。人们有废报纸、空瓶子、旧衣服，都可以拿到那里去卖。

废品收购站在改善环境杜绝浪费上，起到积极作用。不过，收购站还可以收购废铜烂铁，这就造成漏洞：有些贪图小利的职工，会偷盗工厂的原材料，卖给废品收购站。有些小毛贼偷了电话线，当铜丝卖给收购站，他们也照收不误。近年，这种收购站成了私人经营，负面的东西可能更多。

小时候看祭灶

二十世纪五十年代，北京人还讲究祭灶。到了六十年代，说是迷信，祭灶的活动渐渐在北京人的生活中消失了。

各个国家各个民族的民俗中，大都有一定的迷信色彩。圣诞老人不存在，圣诞老人给孩子的圣诞礼品，当然是父母买的。但是这种小小的迷信，会给人们的生活增添不少乐趣。

祭灶当然有迷信的成分。

所谓的祭灶，就是祭拜灶王爷。灶王爷当然是传说，是不存在的。但是，它有正面的意义，尤其对于一些知识有限的人说来，灶王爷在家里驻守，有约束人们行为的好处，让人在做坏事时，要看看灶王爷同意不同意。所以，人们管灶王爷叫一家之主。如同基督徒把耶稣基督视为一家之主，是同样的含义。

小时候，我家厨房的墙壁上有一个龛，里面有一张纸，上面画着所谓的灶王爷。龛的旁边还有一副对联。这副对联是规范的，家家户户都一样。上联写："上天言好事"，下联是："回宫降吉祥"。横批就是"一家之主"。

灶王爷摆在厨房里，可见级别是不高的。

虽然是一家之主，没有人听它的，遇到什么事，它也不会发表意见。当然，规矩的人家还是对灶王爷有一定的敬畏。孩子过分顽皮的时候，妈妈就会提醒一句：灶王爷看着呢。孩子自然会收敛一点。

祭灶的仪式很简单：到了腊月二十三，人们在灶王爷的神龛前摆上香烛，摆上糖瓜、水果，点上香，朝灶王爷跪拜。然后把受了一年烟熏火燎的灶王爷烧了，让其"升天"。说是，祭糖瓜为了黏住灶王爷的嘴，让他向玉皇大帝汇报时，报喜不报忧，只能"言好事"，不能给这家人说坏话。

糖瓜是用麦芽糖做成，祭好灶王爷，自然到了孩子们的嘴里。其实糖瓜并不好吃，孩子盼着一年一度吃糖瓜，只是图个新鲜。

我不知道在那时候，上海人是不是也有灶王爷，因为我六十年代来上海时，已经不见灶王爷的神龛了，不要说市里面没有，就是郊县农村里也很少见到。

有一句话说：请神容易送神难。

对待灶王爷，送的时候，要有仪式，麻烦一些；"请"的时候要简单得多。相声大师侯宝林先生有段相声就说的是买灶王爷的事。买一张印有灶王爷的肖像，没有多少钱，但是，你不能不恭敬。买的时候得说请灶王爷，不能说买。一个小小的用词，对孩子倒是潜移默化的教育。尊重灶王爷，要用"请"字，跟长辈说话，当然也要用"请"字。

灶王爷像多是木板印刷，粗粗而硬朗的线条，色彩不怎么均匀，是水印。估计多是天津杨柳青的作品。买灶王爷可以到街上店里去买，可是我家和邻居们都是在家里等人送来。到了除夕下午，就有人上门，大喊："请灶王爷啦！有请灶王爷的没有？"灶王爷当然得请,于是家人就会去门口买一张灶王爷画像回来,贴到厨房的龛里,灶王爷又要履职一年。

卖灶王爷像的,都是平日常来胡同里乞讨的人,他们在年节的好时辰,能够得到每家每户的额外照顾。因为他们卖的灶王爷要比店里贵得多,但是人们还是要买他们的,一来省去上街的麻烦,二来,关照了穷人,灶王爷会在功劳簿上记上一笔的。上门卖灶王爷的有单干者,也有成群结队的。后者还会打着竹板,唱些吉祥话,表示对主人家的感谢。

一年一度的祭灶活动起到了惩恶扬善的功能,为年节增添了一些情趣。在北方农村这些活动会有更多内容。

灶王爷没有了。成人不信灶王爷,孩子们见也没见过,自然不信。孩童时期就少了这种小小的约束,他们长大了,如果没有受到良好教育,会有什么样的人生呢?西方的孩子从懂事起,就知道有圣诞老人,就知道有上帝,就知道有敬畏。今天的我们,少了敬畏的对象,说是应该敬畏法律,不少人认为只有杀人放火才是犯法。日常行止没有了约束,任性的人多了,满肚子充满暴戾之气,开车不知道礼让,"路怒症"蔓延,动辄拳脚相向,甚至个别的还有烧庙杀和尚的。

灶王爷没有了,菩萨神仙在人们心目中消失了。其结果是两方面的。积极的一面是,人们解放了思想,没有了约束,敢想敢干,发挥巨大的创造力;消极的一面是,人的行为无法无天,老子天下第一,极端自私,成为社会不安定因素。面对暴力,好心人无可奈何说:人在做,天在看。

天是什么?那些无法无天的人,怕"天"吗?

爆竹声声

鲁迅先生在他的小说《祝福》里，开篇说了这样一句：旧历年的年底毕竟最像年底。

上初中时，觉得这句话很好玩，一直记住。

五十年代的北京，旧历年的年底，也是最像年底的。

到了大年三十的晚上，胡同里，其实是没有什么行人的，之所以像年底，是因为声音，是因为鞭炮声。

人们过大年的忙碌，从腊月初八已经开始，到了三十，已近尾声，大伙都躲在屋里包饺子去了。

是夜，有的人家，会把芝麻秸摊在庭院里，有人走过，踩在上面，发出"噼噼啪啪"的声响。芝麻秸是有节的，人们以此祝福来年万事节节顺利。

唯有小青年和孩子们，忙活着放鞭炮。

鞭炮声，开始还稀稀落落，逐渐声音响起来，由远而近，声音逐渐扩大，空气里也开始弥漫着火药味道。

胡同里的孩子们像听到号召，纷纷出来，在家门口放起鞭炮来。

连续响的钢鞭，"二踢脚"（也就是高升）是年轻人放的；单独的声音,才是小孩子们的杰作。孩子们舍不得一口气把一挂爆竹放完,而是把它拆成一个个小爆竹,放起来可以多放一些时候。

临近午夜,放鞭炮进入了高潮,这时候,大人们开始登场。他们放大礼花、放"麻雷子"、放超大的"二踢脚"。孩子们退居二线,只有看的份了。有时,小孩子也会放一种"钻天猴",那是缩小版的礼花炮。更小的男孩,放"滴滴筋"和"耗子屎",那是最没有危险的东西,火光极小。不过,"耗子屎"是蛮有趣的:点着之后,一团小火苗在地上滴溜乱转。

"麻雷子"是一种超大的炮仗,声音震耳欲聋,又有些"闷",孩子们都不喜欢这东西。但是,小孩喜欢放"二踢脚":第二响,响在空中,又能炸开来,是可听可看的。成人们放"二踢脚",是拿在手里放的。孩子们是放在地面上,点燃之后,躲得远远的。有时,风会把点着的"二踢脚"吹倒,第一响过后,第二响不是在空中爆炸,而是在平地爆炸,极容易发生危险。

本世纪初,住进高楼。大年三十夜晚,爆竹声全城响起来,此起彼伏,声声震耳。站在高楼的阳台上,放眼四望,满城尽在彩画中。这一方,礼花升天,那一方,银树如幻,到了近夜间十二点,达到高潮,满世界都沸腾了。这时候,再精彩的春晚节目,也退到次要位置。

北京与上海,在大年三十燃放鞭炮,没有大区别。但到了初五黎明"迎财神",上海比北京要热烈一些。

我印象最深的,并不在大年三十。

1999年,12月31日半夜,上海徐家汇,人山人海,人们等待着新世纪的钟声。徐家汇几家大商铺,携手操作,把一串串鞭炮连接起来，长达几千米。钟声一响，鞭炮齐鸣，特长鞭炮，响声不绝，达二三十分钟。

徐家汇商圈迎来了新的辉煌。

进入二十一世纪，"麻雷子"已经不能称王称霸，还有比它厉害的炮仗。

十多年前，北京允许放鞭炮区域，已经划到四环以外。有一年，我们回北京探亲，住在姐姐家。大年三十，想到放鞭炮，只能开车到四环以外。那里，正有特大的礼花在燃放。那枚礼花，大如磨盘，但见，彩花纷飞，声响阵阵，如鸣镝四射，煞是壮观。朋友拿来如小钢炮似的家伙，说也是一种爆竹，平常人都不敢放的。外甥胆大，试放了一枚，如同战争开打。

看起来，鞭炮已经发展到顶了。

劣质鞭炮流入市场，人们燃放不当，每年春节期间，都有伤害和火灾发生。

果然，又过了几年，北京和上海已经不允许在市区燃放烟花爆竹了。

"大跃进"之梦

说起所谓的"大跃进",对于今天的年轻人说来,似信非信,有的还会说,"不会这么戆吧"。

说说我在"大跃进"时的经历,就知道当时人们对"大跃进"所抱的热忱与真诚,也会知道当时人们的傻干与愚昧。

起始于1958年的"大跃进",来得突然,来得迅猛。人们的口号叫得山响,高调越唱越高。全国各地,不论是繁华都市,还是穷乡僻壤都处在亢奋之中。不知从什么地方兴起,要诗画上墙。于是一夜之间涌现出成千上万的诗人画家。他们自然都没有受过专业训练,仅凭一股子"革命热情"就要把一切踩在脚下。那些"艺术作品"当然只有天晓得是什么。

那时候,我上高中二年级,响应"大跃进"的召唤,我们几个画画稍好的同学,凭着天不怕地不怕的傻劲,很快就把学校所有的外墙乱七八糟地涂满。有诗有画,当然都是粗制滥造的东西。

我的中学是北京二十六中,早先叫汇文中学,是教会学校,学校的建筑都是西洋式的,美观精巧,在当时的北京也属于不多见的。我们乌七八糟的诗画,把那些美丽的建筑都糟蹋了。好像是,在美人的脸上,文了一只"美丽蝴蝶"。

记得我们模仿当时非常出风头的画,画了一幅农民骑着飞船,手举万吨粮食遨游太空的图画,竟然得到学校表扬。说我们画得好,色彩鲜艳,想法也很大胆,有"大跃进"的精神。我们还画了一幅孙悟空拿着一只钢铁做的桃子献给玉皇大帝。钢铁的桃子上写着1840万吨的字样。老师说,想法也不错,只是玉皇大帝的提法,跟人家的豪言壮语有冲突。人家不是说"天上没有玉皇"吗?当时有一首所谓的诗是这样写的:"天上没有玉皇,地上没有龙王,我就是玉皇,我就是龙王,喝令三山五岳开道,我来了!"气势确实不小,但不是诗,也解决不了什么实际问题。

当时,有人提出"人有多大胆,地有多大产",于是,粮食"高产又高产",这边说亩产水稻八千斤,那边说,我们亩产水稻一万斤。又有人跳出来说,我们的水稻亩产一万两千斤。牛皮吹得越来越大,反正不上税。

我们学校当然也不能落人之后。不知哪个学校兴起"发明"之风,我们也紧紧跟上,而且定出规划。这个说,我今年要搞三项发明,那个说,我争取搞四项。当然是放空炮。最不靠谱的是,我们都"发明"了一种"超声波"装置,说是可以形成超声波,运用前景十分广阔。这种装置说说不得了,做起来简单而可笑,就是截一段一尺来长的钢管,一头不动,把另一头慢慢敲扁,仅留一道很细的缝隙,这样风通过时就形成超声波。显而易见,超声波没有出现,钢管倒浪费了不少。

我们伟大的创造发明也"寿终正寝"了。

"大跃进"有"成果"的,还要数大炼钢铁。那时候,全国到处是炼钢的土高炉。我们学校在物理老师的带领下,也搞了几个小高炉。大家在操场上挖了一个个大坑,上面放了大大的土质高炉。因为有物理老师的参与,炉子弄得像模像样:一个圆圆的大肚子,上端的口较小,炉膛里不但砌上耐火砖,炉子还可以上下摆动。为那个我们从来没有见过的高炉,我和一批同学连着干了三天三夜。困了,就在操场边裹上棉被睡一会,饿了,有后勤的同学送来饭菜。我最开心的是可以吃上糯糯的白薯玉米面粥。那是大锅粥,家里无论如何是做不出来那么香甜的。准备就绪之后,一天下午我们点上火,把铁锅、茶盘、秤砣等可用物品,不分青红皂白,一股脑地丢进炉膛,开始冶炼。烧了不少煤炭之后,炉口变红,同学们的脸上都露出期待神色。又过了一会,炉口发白了,老师有些得意了。可是不一会炉口又开始发红。化学老师悄悄把我拉到一边,交给我一小包金属块,叮嘱我说,这是锌块,过一会我让你丢进炉口,你就丢进去。我得意地点点头,觉得责任重大。果然,不多时候,炉口开始变暗了。老师给我做了个手势,我便走向土高炉,企图完成使命。不料,那炉口周围温度极高,拿包的手,还没有接近炉口,就觉得烤得受不了。慌乱之中,手不断发抖,结果把一包金属块全部倒在地上。老师沉了沉脸,还是拍了拍我的肩头,随即他自己把另一包锌块倒进炉膛。炉口很快又变成白白的颜色。"钢"终于炼成,只是,那不过是一堆不成形的铁疙瘩。

  说起大炼钢铁时,我脑海里,总浮现出那位老实而严肃的化学老师的面容。对于我们这些不谙世事的中学生说来,这番壮举,不过是生命中的一个小插曲,觉得很好玩。那么,对于我们有着专业知识的老师说来,又做何感想?难怪,当我们炼好一块块铁疙瘩时,物理和化学老师都深深地叹了口气。

这声叹息,不知为什么,至今我记忆犹新。

那位化学老师,人长得清秀,说话带有江浙一带的口音,为人和气,就是讲课,也是柔声细气,从来没有见过他大声说话。尤其是他的穿着,那身蓝色中山装几乎洗成淡灰色,但是仍旧一尘不染,熨烫得笔挺。

与此相反的是那位物理老师。老师长得高高大大,面部线条很硬朗,用今天眼光看,是个帅哥。他的头发很不听话,经常有一缕头发耷拉到前额上,讲课时常常会把那缕头发往后撩。

在"大跃进"当中,他已经离开学校。让我记忆犹新的是1957年的他。那年秋天开学之后,他上课的神情就不大对头。一天下午,他匆匆忙忙来到课堂,脸色苍白,额头微微出汗,那缕头发紧贴在额头上,他想去撩,却又停住手,说了一句:好汉架不住三泡稀。

我想,他的叹息,不仅是因为我的笨拙,大概更是知道这种炼钢是多么的荒谬,只是不敢说出口罢了。后来他因为右倾之类的"罪名",在我们学校消失了,不知去向。

当年,大炼钢铁的狂热,席卷全国。我看过一部纪录片,片中映出的画面十分震撼:在一大片田里,土质的炼铁炉布满旷野,足足有几百座。黑夜时分,一座座炉子点燃起来,构成一片火海,蔚为壮观。这种"打一场人民战争"的折腾,直到六十年代末期,还有余波。

到了上个世纪七十年代农业学大寨时,又折腾一阵子。

改革开放初期,我们剧组的创作人员去泉州一带拍外景,到了一处农家,主人告诉我们这一带的脐橙的遭遇:"农业学大寨"那几年,县里的一位领导为了响应学大寨的号召,脑袋一拍,决定在全县大搞粮食种植,首先要把果园砍掉改种庄稼。不仅要砍去果树,还要把平地改成梯田。这个异想天开的决定,把当地农民累苦了。他们先要把平地堆成土坡,再在土坡上搞成台阶一样的梯形,不然怎么能和大寨的梯田一样呢?最让他们痛不欲生的是要把种脐橙的砧树砍掉。这些砧树是为新树苗嫁接用的。果树每年要实行嫁接,不然水果品质会退化,这一带脐橙的质量,就靠着这些砧树才能保证。这些砧树有的有上百年历史。人们就是靠着这些砧树,使得他们产的脐橙远近闻名。然而,一声令下,农民又不得不把父辈传下来的砧树砍掉。看着那宝贵的树被连根拔起,有的农民心疼得直掉眼泪。因为,砍掉砧树,就等于砍掉这一带脐橙的血脉,将来再想恢复,则需要几十年的时光。

这不是天方夜谭,也不是逗人一笑的段子,而是在我们这片国土上真实发生过的。

告别农家,我们重新上路,大家都沉默着,久久没有人吭一声。

吃饭难

这里说的不是指因为穷困吃不饱饭,而是说,到外地出差,吃中饭有些麻烦。

上海是商业发达的城市,就是在六七十年代物资相对匮乏的时候,在外面就餐,也不是问题。而那时候在北京,外地出差的人,到了中午,吃中饭常常就要排长队。往往排到了,你想要的菜也会卖光。我们电影制片厂的同事,经常要去北京出差,回来时常常会因吃中饭而抱怨。

今天的年轻人也许很难理解,为什么眼前放着巨大商机,没有人去抓,小饭店也成"稀缺产品"?那时候是"计划经济",小饭店也在"计划"之内,出差的可以在住处用餐,出了住地,那就不负责啦。上海在这方面要聪明得多,方便得多。六十年代初,我刚来上海时,对此就印象深刻。不管走到哪里,哪怕是小街小巷,就餐都不用发愁,小面店、小馄饨店,比比皆是。

那时,去面馆要用粮票的。北京粮票最小面值是一两,上海有半两的。我们刚从北京来上海,望着写在水牌上的价目表就有些发憷,琢磨半天才开始买筹子。水牌上的食品琳琅满目:锅贴、烧卖、大馄饨、阳春面、肉包子、小馄饨、油面筋塞肉、油豆腐百页包双档、小笼馒头、排骨年糕,不一而足。

其实,上海的阳春面是很好吃的,而且,物美价廉。事先在碗里加一调羹猪油,放些葱花,再加上煮好的面条,用高汤一冲就成。那味道油而不腻,正宗的大众美食。

阳春面,北京没有的,到了上个世纪八十年代,在上海也很难吃到单纯的阳春面了。

那时候,在上海也不是什么食品都容易买。譬如,要想吃春卷,就得跑趟淮海路。淮海路也只有一家是卖春卷的。要想吃冰霜,对不起,要骑自行车骑上半个小时才找到一家冷饮店。

这些小事,今天想起来还是很可笑的。但是笑又笑不出。

小人书和连环画

我在电影学院学的是美术设计专业。我的不少同学说起小人书来，头头是道，谁的人物画得好，谁的笔墨比较洒脱，谁的绘画风格独树一帜，谁在哪次全国连环画比赛上拿过第一，等等，可谓如数家珍。细细问下来，十有六七都是小人书迷。尤其是，不少人的绘画兴趣的培养都是来源于小人书。

我也是这样。读小学一二年级，我就爱看小人书，同班的男同学一半以上和我一样，也是小人书迷。女同学大约对此爱好的就大打折扣了。女孩子们与我们男孩子兴趣不大一样。她们爱玩"叉羊拐""丢小布包"、跳橡皮筋之类；看书，都是一些民间故事，小红帽、七彩花、小矮人什么的。我们男孩玩的是"骑马打仗"、弹玻璃球；看的是《七侠五义》《三侠剑》《粉妆楼》那些打打杀杀的小人书。

记得那时候，常常不吃早点，为的是把省下的早点钱，租小人书看。有特别喜欢的小人书还会买下来，积少成多，渐渐积攒下几十本，细细欣赏。还可以与别的同学交换着看，还会比赛谁的小人书多。

上世纪五十年代初期，小人书不叫连环画，是地地道道的小人书。后来，新内容的小人书出现，才有了连环画这样一个"文明"的称呼。

旧时的小人书多以武侠故事为主，良莠并存。多数是因果报应、惩恶扬善的情节，当然也掺杂着不少封建迷信的东西。至今我还记得这样的一些书名：《三侠五义》《三侠剑》《七剑十三侠》《青城十九侠》《天宝图》《地宝图》《李霸天》等等。只看书名，大概就知道内容了。内容好坏不论，单就绘画水平来看，大多数是极受孩子们推崇的。

我们挑选小人书时，主要看画功。那时候，受欢迎的有颜梅华、赵宏本、严绍唐等人。后来不少人都成了知名画家。他们画的小人书，对孩子们也有不小影响，促成不少人后来走上画家之路。

到了五十年代后期，大量涌现出内容新、思想健康的小人书。这才冠以连环画的学名。

现在说的旧连环画的再版，其实就是再版的这些连环画，还不是真正的旧小人书。

小人书的出版，有几百年的历史。至少，在明朝成化年间，就有木版小人书问世。我在开封旅游时，去包公祠参观，看见陈列馆中，展有明代表现包公断案的画本。其中有明成化说唱词话丛刊：《新刊全相说唱包龙图陈州粜米传》《说唱包龙图断曹国舅公案传》等。这些画本，开本与一般书籍无异，内容都是木刻图画，每页分上下两幅，刀法粗犷，古朴稚拙，人物造型虽不甚清晰，却于古色古香的画面里，看出当时人们的生活侧面。这样的画本，今天已不多见。

摄制组里的"阶级斗争"

在"两个凡是"还没有过去的时候,我们拍摄影片《珊瑚岛上的死光》时,就遇到了一次"阶级斗争"。

那是1981年的初秋,摄制组到福建省东山县去拍外景。

那时候,东山县贫穷落后,沿着海岸,大大小小的渔村星罗棋布,县城中心也是渔家和卖渔具小店的天下,根本没有宾馆酒店。我们剧组几十人的住宿,让当地接待人员大伤脑筋,只好把我们暂时安排在县城的渔民之家。

所谓渔民之家,本来是供台湾渔民暂时躲避台风的住处,属于统战的措施,并没有多少床位。好在当时没有台风,才让我们入住。房间不够分配,有些人就只能住通铺了。

晚饭过后,摄制组支部书记召开全组大会,动员一些男同志克服困难,委屈一下住通铺。十几个男同志就住在了一间大房子里。当然,支部书记以身作则,也住在里面。

支部书记是个老好人,原先是木工师傅,提干,当了支书。会议到了尾声,大伙都要回去睡觉了,忽然支书叫道:"大家先别走,有件特别重要的事。"众人驻足,听支书宣告。他说:"我们这里是海边，是沿海前线，往前几里，就是国民党的地方。阶级斗争十分重要。我们一定要紧绷阶级斗争这根弦，因此……"

众人还想听下文，没有了。

噢，阶级斗争，这是天天讲年年讲的事啊。没有什么特别嘛。

大家回去睡觉了。一夜无事。

到了第二天清晨，那间大房子骚动起来。上前探问，却道是支书的裤子不见了。

出大事啦。

谁在开玩笑吧？不会，至少不会跟支书开玩笑的。支书是一位不苟言笑的人啊。

那么，怎么会发生这种事？人们一时想不通。

有人忽然悟道：阶级斗争！这是阶级斗争呀。

但是，这种阶级斗争的形式没有听说过呀。裤子丢失，表明什么呢？支书说："麻烦了，裤子里有钞票，还有粮票。"

是了。阶级敌人是冲着这个来的。但是……还是没有逻辑可循。

事情还得从昨天夜里说起：支书跟大伙同甘共苦，在通铺摊开被子，忽然想到，脱下的衣服怎么办呢。聪明人提议，在屋子中间拉一根铁丝，把衣服挂在上面就解决了。众人照办。支书的衣服也就挂在铁丝上了。第二天，别人都从铁丝上取下衣裤，独独没有了支书的裤子。

大伙讨论了半天，还是没有抓住阶级斗争的要领，这时候，躲在一边一直没有吭声的作曲发话了。我们摄制组的作曲是个很内向的人，文质彬彬，曲子写得超棒，就是不喜欢多话。此刻金口微开说："裤子是叫小偷偷走的。"

噢！众人恍然大悟。

事情这么简单：一个小毛贼偷去了裤子。

一片惊诧过后，大家追问："你怎么知道？"

作曲说："我看见的。"

看见，你为什么不叫？

作曲委屈说："我怕是阶级敌人。"

原来，我们大队人马开进县城，小城的人视为大事，也引起小偷"关注"。

作曲说，半夜，我被声音弄醒，迷迷糊糊看见有根竹竿从窗户外伸进来，挑我们挂在铁丝上的衣服。开始挑的一件不好挑，后来就挑了支书的裤子。慢慢挑出窗户。

人们听完一齐大笑。原来如此。

后来，大伙捐粮票给支书，解决了他的燃眉之急。两个调皮的说："偷裤子的阶级敌人真可恶。"

支书连连说："不能算，不能算阶级敌人。人民内部矛盾嘛。"

过了两天，三个台湾渔民来渔民之家避风，我们看去，跟东山的渔民没什么两样。

大概，不是阶级敌人吧。

我们在五七干校时，也是大讲特讲阶级斗争的。

那时候，我们上海电影制片厂所有创作人员都在干校"接受再教育"，阶级斗争抓得很紧。为了防止阶级敌人破坏，每天夜里，有干校成员巡夜。

一天夜里，两名巡夜者路经工具间，忽然听到里面有异样声音。

工具间是存放全校劳动工具的地方，夜里是不允许有人在里面的。

是不是有阶级敌人破坏？

两个人提高了警惕，驻足细听。里面似乎又传来猪的哼哼声。是不是敌人把生产队的猪弄来搞破坏？反正不能让阶级敌人得逞。两个人决定勇敢面对。他们用力推了推门，推不开，再推，还是推不开。他们觉得事情严重了，连忙跑到团部汇报。领导马上组织了几个骨干杀到工具间。强行打开门一看，大伙啼笑皆非。原来是我厂的一位老化妆师正在里面呼呼大睡呢。领导问他，为什么不在集体营房里睡？

老化妆师无可奈何地说："我是被赶出来的。"

在五七干校里，大伙住的如同兵营一样的集体宿舍，一间宿舍要住二三十人。这位每天夜里鼾声如雷，同屋的人只能瞪着眼睛到天亮。无奈之下，大伙一致决定，开除他在宿舍的睡眠权。他就只好到工具间里入梦啦。

人们把阶级斗争叫得太大太响，搞得草木皆兵了。

第三辑

东拉西扯

秋临北海道

在日本民歌里，我很喜欢《北国之春》。那是一首很有日本民族风情的歌曲，在高亢激昂的旋律中，透出一些凄凉和忧伤。来到北海道，一下子就感到，《北国之春》就应该回荡在这里。

漂亮的女导游说，来北海道，春天看樱花，夏季看薰衣草，深秋赏枫叶，冬天拥抱大雪。眼下，秋天的脚步刚刚临近，薰衣草已经向大地告别，枫叶还没有红呢。然而，我觉得来得正是时候。你看，大树还是绿的，枫叶刚刚染上一点红意，小白桦树的叶子镀上了金黄。也许是受了俄罗斯风景画家列维坦的影响，白桦树是我很喜欢的树种。这次我看到了各式各样的白桦树，不该感谢这个时节吗？是的，这时候的北海道是一个多元的季节。

来的第一天晚上，入住登别温泉酒店。酒店完全是日本式的，设有温泉浴场。说是大浴场，其实规模并不大，房间更是小巧玲珑。房间是日本式的，设有矮桌，没有床，我们就睡榻榻米。第一次睡榻榻米，感觉惬意而新奇，只是起坐不是很方便。这家温泉酒店建在日本海海边，依窗远望，百米之外就是浩瀚大海。睡到夜半，涛声渐响，后来，声音如同火炮轰鸣。我从来没有听到过这样的海涛声。次日清晨，凭窗望去，只见大雨滂沱，海天一色，雾蒙蒙灰蒙蒙，白浪滔天，惊涛拍岸，十几米高的浪头，直泻而下！台风时节的日本海，果然有着惊人的震撼力。酒店里的人说，这两天，遇到了几十年不遇的台风，这么大的海浪，他们也是不常见的。

台风带来的大雨下个不停，我们只好冒雨上路。旅游巴士行驶在山间公路上，路边皆是茂密树林。在浓郁的常青树间，杂生着一丛丛小白桦树。它们如同苗条的少女，有着颀长的身段。风雨中，有的已经倒伏，有的依然挺直了身板。看到一些粗大的绿叶树竟然也折断了腰肢，我禁不住钦佩那些倔强的小白桦。

北海道的美，美在自然，美在天然去雕饰。我们经过的山地、丘陵，无不是绿树成荫，草木葱茏。日本是个岛国，自然资源不多，日本人对资源的珍惜，对环境的保护，为世人称道。这应该是我们的老师。

在奔向北海道首府札幌市途中，天放晴了。大地忽而一片葱绿，忽而一片姹紫嫣红，忽而一片橙黄，如同彩笔画就的油画。哦，稻米已经成熟，待割的稻田似乎飘来新米的芳香。

夕阳西照的时候，我们在一个路口停了下来。原来，前面横着一条窄轨铁路。片刻，一列小火车悠悠地开了过来。驶到近前，才发现，列车仅有两节车厢，乘客也寥寥无几。导游说，大家一定会担心铁道部门会赔钱，的确是这样。这段铁路有近百年历史，尽管乘客一直很少，还是苦苦地经营着。这一带地处偏远，人们还是需要它。她讲了一个小故事：前几年，这条路上的一个小站，几乎没有乘客上下，管理部门正准备取消这个站头时，忽然得知，每天早上，会有一个女中学生乘火车去上学，下午，又会乘车回家。如果取消了这个小站，将会给那个女孩子带来很多不便。管理方最后还是决定保留这个小站，尽管这个决定会给负债的铁路增加更多的负担。就这样，小站又开通了好几年，直到女孩中学毕业，去到更远的城市读大学。这个平常的小事，感动了车上所有的人。我不由得想起我们中央电视台播放的一段趣事：在我国西南边陲，有一段铁路，一直行驶着绿皮车，最低票价仅二元。全程设有二十六个车站，总价也只有二十五元。边民们不但可以带着大量货物乘车，有人甚至赶着羊群上来，货物是一律不收钱的。火车通向大山，很多孩子就是乘着这辆绿皮车，从大山走出，走向外面世界的。这让我们知道，所谓市场经济，绝不是仅仅看效益，人性和关爱他人，更是首要考虑的。导游又说，关注社会，这仅是日本人的一面，另一面是极端的自利。比如，日本女人是管家里开支的，早上，丈夫上班时，妻子会给他两千日元做中餐费。而自己中午与朋友小聚时，（多是 AA 制）餐费却要花上三四千。这是人人皆知的"秘密"，丈夫当然也不会去揭穿。

　　入夜，又下起了小雨。我们入住在大雪山附近的一个小镇上。小镇的建筑漫布在峡谷和山腰之间，高低错落，幽静而美丽。其间不但有舒适的酒店，货物齐全的购物商场，灯火明亮的酒吧，还有一条整洁的公路穿过。夜雨在灯光里如同银线闪动，山坡上是远远近近、高高低低的灯光，明灭间，恍如幻境。那条公路在我们住的酒店前，突然转了个弯，伸向一座小桥。为了防备汽车转弯时因天雨路滑过桥有危险，公路的管理者不但在桥头设立了岗哨，就是在弯道上也设了不少岗哨。他们拿着发光的指挥棒，在雨中默默站着，等待着极少的车辆通过。日本人处事想得周到、细致。

尽管季节已过，我们还是在富良野的富田农场看到了恋恋不肯离去的薰衣草。它们不再像旺季时那么雍容华贵，不再那么张扬，却有了更沉静的美。富田农场的紫色花海是北海道迷人的景观之一。七月是赏薰衣草的最佳时候，九月则是波斯菊的节日。那些波斯菊、马铃薯花、满天星在绿意中交织出五颜六色的美丽。

我们行程的最后一站是札幌，它是北海道的首府，开埠不到两百年。札幌除了市中心的北海道神宫保留着古色古香的建筑，除了上个世纪初红砖的欧陆风格建筑，除了狸小路商业区挤满了激情购物的华人旅游者之外，特色并不是很多，反倒是距此不远的小樽市，很值得一游。

小樽，城区不大，却是北海道最具特色的城市。全市保留着不少过往年代的建筑。一条只有一千多米长的运河，记录着往昔的鼎盛繁华和洗尽铅华的无奈。运河两岸是欧陆风格的老式建筑物。那是明治、大正时期的货运仓库，如今已改作咖啡馆和酒吧，让人们留住一丝乡愁，留着一份对逝去岁月的怀念。运河岸边如今修起人行道，道边设有老式的点煤油的路灯，据说，入夜时分，路灯点燃，别有一番怀古的浪漫气氛。我们徘徊在小路上，企图感受遥远过去的气息。在人行道边，有些老年人坐在地上专心致志地画水彩画，画的水平不高，但兴趣盎然。日本人的平均寿命，在世界上是领先的，河边画画的老者们似乎就是一个注释。

小樽的中心大街，鳞次栉比挤着一家家小商店，主要经营八音盒、小玩意和彩色玻璃器皿。这里的艺术玻璃制品，不同于波希米亚的车料玻璃制品那么精致,但是,它以多姿多彩而闻名,很受远方游人的喜爱。

北海道是美丽的,是日本北国的一颗明珠,是管理得干干净净的一片土地。

蓝色卢塞恩

瑞士小城卢塞恩，在我们的旅游合同中称为琉森，我们的导游也这样称呼。我们在小城里，遇见几位从我国东北来的游客，交谈之中，他们始终弄不懂，他们眼下所到的这座美丽小城，是不是走错了地方。因为在他们的旅游合同里说是要去卢塞恩的，为什么到琉森来了！我们当时也不敢贸然说卢塞恩就是琉森。南北双方虽然叫法不一，但一致认为，这里的美是数一数二的。

卢塞恩是著名的避暑胜地，位于瑞士中部高原。小城四面环山，山上山下的建筑物，手拉着手，拥抱着卢塞恩湖。湖面又把市区隔为南北两部。卢塞恩湖湖水清澈洁净，在蓝天映照下，湖水呈碧蓝色，如同海水一般。市区有着许多精巧的别墅，不少是建在半山腰上。那些白色的、淡蓝色的、浅绿色的建筑融合在湖光山色之中，构成和谐的蓝色旋律。所以说，卢塞恩小城是温柔的蓝色之城。

我们借住的酒店位居市中心，在一处小山坡上。早晨，坐在餐厅用早餐时，隔着高高的落地长窗，俯瞰薄雾萦绕的小城晨景，如在梦幻之中。小城刚刚醒来，夜晚的激情与浪漫退去了，晨光笼罩着不太繁忙的街头。汽车还不多，倒是一些晨练的人沿着卢塞恩湖边长跑，或是骑着自行车在马路上飞驰。隔着湖还可以眺望对面小山丘上隐隐约约的别墅和教堂。山丘像是隐在轻纱后面，那些建筑更具有似有若无的朦胧之美了。

太阳升起后，我们来到卢塞恩湖边散步。早晨的几片云彩已经散去，湛蓝的天空把湖水映照得如同蓝宝石。湖边，游人渐渐多了。他们有的凭栏欣赏湖面上的小船，有的靠着栏杆拍照。临湖的栏杆每隔一段就有一个凸出部分，可以供游人休息、驻足赏湖。那里摆着长椅，四周布满鲜花。那些花朵有红的、白的、紫的，更多的是深深浅浅的蓝色。蓝色是象征爱情的色彩，是象征幸福的色彩，象征这里的居民对光明未来的憧憬。的确，放眼望去，街头的行人步履从容，车辆守则，没有什么抢道违规的行为。人们的面容也是友善开朗的。来这里旅游的人都会受到这种情绪的感染。

从这个意义上说，卢塞恩不愧是蓝色的。

我们沿着湖边朝着北面的小山丘走去。临近山脚，来到一片绿化地。那里种满了鲜花，喷泉旁边是一座现代雕塑，我们说不清它的优劣，吸引我们目光的却是雕塑旁的几根花柱。它们完全由五颜六色的鲜花构成，呈圆柱形。阳光透过花朵的空隙，投射下来，显得美妙玲珑、华美精致。站在花柱边，仰望不远处的山冈，一座白色教堂和三两座淡蓝色别墅映入眼帘。蓝天下，整个小山丘闪闪发着淡蓝色的光。此情此景，让我们驻足良久，不愿离去。

春雨樱花鸡鸣寺

烟花三月的南京,时晴时雨,莺飞草长,万花竞放,最是迷人时节。我们在莫愁湖畔,看海棠花开;在秦淮河边,赏古朴建筑,又忆起了久违的鸡鸣寺。

临出发时,酒店的服务员热情地说:"到了鸡鸣寺,别忘了吃上一碗那里的素斋面啊。"这才想起几年之前去鸡鸣寺时,竟忘了品尝那寺院里的名点。

南京这几年变化很大,但依然有着古都气象。新街口一带虽然新楼林立,但秦淮河上的石桥、流水,岸边的古柏新柳,依旧存有六朝古都的气韵。那么,鸡鸣寺这几年别来无恙?

乘车由北京路拐向鸡鸣寺街的一刹那,眼前的一切,让我知道,担心是多余的。鸡鸣寺依然是那个鸡鸣寺,只是此时的鸡鸣寺正是一年中的最佳时节。真可谓来得早不如来得巧,因为,鸡鸣寺已经被樱花托了起来。刚到街口,就看见满街的樱花,争先恐后彼此拥挤着盛开怒放。阵阵春风吹过,如云、如雾、如纱,白色、淡红、淡蓝、青紫,铺满了几百米的街头。有几处樱花的背后是雨后的古建筑,那些樱花在深色背景的衬托下,更显得明丽耀眼。我这才记起，曾有文章讲述过鸡鸣寺前樱花尽开的盛景。作者觉得，写出她的美丽，文字是多么的无奈。

我们沿着小街，边看，边拍照，在欢快的人群里挤来挤去，总算来到鸡鸣寺山门前。庙门附近游人更多，人们聚在那里，赏花，论花，舍不得进到寺里面去。大家说，一年之中，难得有几天是这样的美景。樱花如娇弱的美人，韶华易逝，花期很短，仅仅几天的好时光。所以，无论是外地游客，还是当地的南京人，都赶在这几天，来与樱花相会。我们挤在爱花人们中间，慢慢品尝樱花的滋味。忽然看见一株较小的花树，比起别的树干要矮去半截，花朵也不十分茂盛。我脱口说，这大概不是樱花树吧，不料，旁边一位操着南京话的中年人说："怎么不是樱花？我们南京的樱花树，有好多种呢。"语气里透着自豪。花开自有赏花人，南京人引以为傲的是城市的绿化。南京的绿化水平居全国前列，有着天时地利人和的好条件。

在寺院门口徘徊良久，我们才走进寺中。寺院内的香客并不很多，想来，寺外的樱花夺走了不少游人吧。拾级而上，首先来到有几百年岁月的石牌坊。横匾上那"鸡鸣古寺"四个苍劲大字和历经沧桑的石料，见证着这座古寺的兴衰变迁。鸡鸣寺原名栖玄寺，距今已有一千七百年的历史。几经朝代更迭，寺院兴废，至明代洪武年间，由明太祖改名鸡鸣寺。太祖还亲自题写匾额。到了清咸丰年间，太平军一把火将其焚毁，到同治年间才恢复了一部分。直到改革开放之后，才一步步地恢复原貌。鸡鸣寺正像一只不屈的凤凰，浴火中几次涅槃重生。

上次来鸡鸣寺，行色匆匆，以为寺院并不很大。这次看到寺院的模型，才知道，鸡鸣寺规模很是了得。她不仅面积大，而且高度比一般寺庙要高了许多。她建在鸡鸣山上，一进进院落由陡峭石阶相连。院落套着院落，沿着山势，一层层向上延伸，既有广度，又有高度。自山脚下算起，直到药师佛塔顶端，算下来竟有近百米高。我们走了几处院子，想到台阶一处陡似一处，有些打退堂鼓的意思，忽然想到，还没有吃到素斋面呢，便鼓起勇气，直奔百味斋而去。吃过素斋面正想乘兴而归，忽然听说，从百味斋可以走近路去修复的明长城。

在上上下下了几处台阶，转了几个弯之后，我们终于来到修复的明长城遗址。

近几年，经过有关部门的精心设计和施工，遗址修旧如旧，很大程度保持着几百年前的风貌。那些城砖、箭垛、马道，都让人想到当年的辉煌。站立城头，放眼四望，烟波浩渺的玄武湖在蒙蒙细雨中若隐若现，远远近近的新老建筑掩映在绿树丛中。我惊叹于南京的绿化，亦惊叹于南京对保护古迹的用心。想到我曾经久居的北京，那里的城墙当时是何等宏伟，如果保留至今，人们去到北京第一要务大约就是登城漫游吧。可惜，这只能是一个美梦了。

走下城墙，回望解放门，但见，城门口一株柳树的枝条上已经绣满新绿，在古旧城墙映衬下，轻盈的柳枝，迎风摇曳，如少女的裙裾。抬眼向上望去，见一座巨大五环的奥运会标，耸立于城墙之上。

古朴新生的南京城正走向世界。

圣托里尼岛的日落

希腊的圣托里尼岛位于希腊本土南侧的海上,从雅典乘快船也要八个小时才能抵达。

圣托里尼岛犹如爱琴海上的一颗明珠,嵌在湛蓝湛蓝的海上,闪闪发光。岛上悬崖陡壁比比皆是,又因有黑、白、红三处海滩而闻名。爱琴海海水蔚蓝而宁静,天空清澈,阳光明媚,给这个不大的岛屿平添了些许安宁与舒适。徜徉在这片世外桃源自是一桩美事,而欣赏"夕阳日落爱琴海"的美景,更是我们此行的目的。

据说,公元前的一次翻江倒海的火山爆发,激起万丈狂澜,汹涌的海水,吞噬了这个海岛的大部,将一个圆形岛屿啃成了新月形。于是有人推测,传说中的亚特兰蒂斯大陆的消失,便是这场灾难的写照。

下午,我们抵达了岛上的小镇伊亚。这是海岛最西端的一个居民点,因而就成了欣赏爱琴海日落的最佳选择地。

在等待黄昏到来之前,人们在小街上闲荡。大约不是为了购物,仅仅为了打发时光。小镇上,虽然商铺鳞次栉比,但富有特色的纪念品却少之又少。唯有岛上的建筑,倒颇具特色:那些小屋清一色是白墙白顶，门窗皆涂有蓝色的装饰线条，似是与蓝天碧海形成呼应。街上建了不少小教堂。它们规模不大，造得也比较粗糙。屋顶呈半圆形，亦涂成天蓝色，顶端立着白色的十字架。这里的人多信奉东正教，然而，这里的教堂却与欧洲其他国家的东正教教堂差异甚大。可能是汲取了伊斯兰建筑的一些元素吧。因为，希腊曾经遭受伊斯兰人的入侵达四百年之久。

岛上的一条主干小街蜿蜒曲折，但并不算长。步行半个小时就能打个来回。在浏览了几爿小店之后，我们找了家小咖啡馆，坐在里面，边啜饮着咖啡，边欣赏着窗外的风景。这家咖啡馆建得很巧，它位于小镇中央，地势较高，又加上三面有窗，如凉亭一般。从这里临风观海，真是妙不可言。坐了许久，我们才恋恋不舍地离开。转出小街，来到一条小巷。那里倒是别有一番风光。小巷寂寞而宁静，午后的阳光慵懒地照着一家家小小院落。院里种着稀稀落落的花草。海风徐来，枝叶摇曳，空气昏昏欲睡，似与世外隔绝。一家门前，卧着条黑狗，见我们走来，起身迎上来，不叫不咬，只是摇摇尾巴，竟在我们身边卧了下来。可能，狗狗们也嫌这里太静，有客人前来，自然满怀热情表示欢迎。离开那条小巷时，我们特意朝那条小狗挥了挥手，它竟然一直摇着小尾巴对着我们，直至我们拐出小巷。宁静是可爱的氛围，但有时也会变成无形的囹圄。

临近黄昏，小街上的游人开始涌动。人们都朝着西边走去，那里该是看日落的好地方。等到我们赶到小镇的西岸时，那里已是人山人海。小镇边也就是海边，岸边黑褐色的礁石，大大小小高高低低地耸立，石间错落着白色的小屋。游人们便在屋宇旁、台阶上、岩石上席地而坐。不远处，有座古堡，敌楼上已经密密麻麻挤满了人。古堡也是小镇的制高点,所以摄影爱好者们自然早就占领了那里。他们架着长枪短炮,指向渐渐西沉的夕阳,远远望去,颇像一队守城的战士。

夕阳慢慢沉向海平面,晚霞映红了天际。余晖如金,海天尽染,眼前的景象,犹如镀金的世界。这时,忽然有一片云彩飘来,渐渐膨胀,不久就遮去了大半落日。有人叹道,日落爱琴海的美景怕是看不到了。果然,当落日将近海平面时,乌云已然把太阳完全遮蔽了。海天之间仅仅留下一抹黛色。夜色降临,高高低低的小屋吐露出淡淡灯光,人们三三两两地离开了观景点。

日落爱琴海的欣赏活动就这样怅然收场。

第二天,我们带着一丝遗憾去游圣托里尼岛的首府费拉。

费拉小镇比起伊亚来要热闹得多,也生动得多。因为,伊亚就像我们那些过度开发的江南小镇,商业气息太浓,商品把人们的生活常态挤走了,给人一种刻意为之的感觉。而费拉不然,市镇也大,游人更多,商铺也不是一字并排,而是散落四处,错落有致。店里的商品也是应有尽有,五花八门。

我们一行里有人倡议去寻找制高点,以便俯瞰全镇。大家于是按图索骥,手捧地图找来找去却不得要领。忽然有人指着地上的粪便说,不如循着驴粪去找。因为,这里的小毛驴是游人良好的代步工具,它们沿着崎岖石阶和高低不平的小路,穿梭自如,如履平地。我们也看到,这些小驴不时经过白白的小教堂,不时穿过狭窄小弄,把游客送到各个景点。跟着驴粪走的确是条妙计,只是那些驴粪实在太臭,我们只好中途退场。不过,我们沿途看到的那些小教堂,那些弯曲的古旧小巷,那些精致有趣的民宅,都给人留下了深刻印象。后来我们误打误撞地来到了费拉码头。想不到，这里却是别有洞天。码头处于山脚下，嶙峋的山崖成为它的屏障。码头的不远处是座小岛，两岛间弯着一泓深蓝的海水。码头远处的海面上，停泊着两艘巨大的白色游轮，几艘小渡船正把游客从游轮上送到这边的岸上。从游轮上来的游人，蜂拥地涌上码头，惊喜叫嚷，大声议论，宛如嘈杂的集市。

沿着码头是一条蜿蜒的小街。街的一侧是蓝蓝的爱琴海，另一边则是琳琅满目的小店。那些店铺装潢别致，日用品、旅游纪念品也都很具特色。我也在一家小店里买了件铸铜的小马。那马的造型夸张、变形，还刻有希腊色彩的花纹，很是别致。这也算是没能看到爱琴海日落的一点补偿吧。

也许，皇天不负有心人，我们在由圣托里尼岛返回雅典的船上竟有意外收获。船行了几小时之后，黎明来临。蒙蒙海面，逐渐变成暖色，一轮红红的朝阳骤然跃出海面！一时间，爱琴海显出它温暖亲切的容姿。

爱琴海的日出十分壮丽。

爱琴海的日落和爱琴海的日出同样是那么迷人。

锡耶纳的黄昏

意大利小城锡耶纳,像是我神交已久的朋友,早就想走近它了。早在上世纪八十年代,我从一部小说中就领略到了它的丰姿。这部作品是美国作家赫尔曼·沃克的二战小说《战争风云》。在沃克笔下,这座小城是那么富于魅力,那么丰富多彩。小说中,犹太作家埃伦·杰斯特罗长年住在这座小城里。他在这里生活、写作,度过青春年华。对小城的迷恋程度无以复加。甚至,当战火已逼近城下,纳粹匪徒就要闯进家门,他还是迟疑着要不要离开。

想来,可以理解。请看,小说里,杰斯特罗的住处有多优美:他住的"……柠檬房是一个周围都是玻璃的长房子,泥土地上摆满了栽在花盆里的小柑橘树。从这里可以看到整个城市的全景和周围的棕色山峦。橘树在这里不受山谷冷风的侵袭,整个冬季都开花结果"。每当读到这些描写,心里常常会掠过一丝疑惑:这个小城真有那么美吗?

因此,我就想,如有机会一定拿把挑剔的尺子来衡量一下锡耶纳。

可是,在我进入这座小城的那一刻,种种疑惑都烟消云散了。

锡耶纳的确十分迷人。它的美是质朴的美，是自然的美，是古典的美。走进锡耶纳，给人的第一印象是那古朴而久经沧桑的狭小街道，那用红砖和花岗石建造的优美建筑。这些具有中世纪风格的意大利式建筑，造型多样、变幻万千。许多老屋的墙壁上，屋檐下，门框里，处处都显得苍老而结实。悠悠岁月在这些建筑细部刻下了真实的划痕。绝不像我们"开发过"的许多江南小镇，被虚假化了，被商业化了，被"制作"化了。那些小镇就像电影布景，不能去品味，不能去抚摸，不能去亲近。

锡耶纳是可以亲近的。

锡耶纳是佛罗伦萨以南的一个小城。十三至十四世纪中叶，它的经济和文化都十分发达，建立了锡耶纳大学，是意大利最富庶的城市之一。可惜1348年爆发的一场黑死病，终结了这座城市的黄金时代。从那时起，小城发展的步子缓慢下来。可谓因祸得福，锡耶纳因此极大地保留了中世纪的本来风貌。那狭窄的小街，那幽静的小巷，那蜿蜒曲折的石阶，无不令人感到时代脚步的迟缓。而那一座座高耸的教堂，散落在丘陵、谷底和斜坡的棕红色的石屋，那一片片的葡萄园，又在诉说着往日的辉煌。

到了今天，锡耶纳全然不顾时代的大潮，仍旧不紧不慢地真实地存在着。在那些老屋里，人们平凡地生活着；那些小商店里，摆着父辈就在经营的货品；那些过往的行人，全然不管远方的来客。

锡耶纳的可贵，在于它的不张扬，不粉饰。

再说那些小巷吧。

这些小巷的路面多是用不规则的石块铺成的。经年久月的磨砺，石块已摩擦得光洁明亮，如同金属一般。小路高高低低，蜿蜒曲折，顺着山坡，一会通向一处不大的广场，一会又通向另一条小巷。而在小巷深处，露出了一座教堂尖尖的塔顶。

我们沿着小街一路走去。或上坡，或下坡，一面浏览路旁的民居、花园和各式商店，一面说笑着。有人说，走这样的路，有趣是有趣，可得有双好鞋子。话音未落，忽听同伴中有人"哎哟"一声大叫。众人脚步骤停，目光循声望去，原来游伴中的一位发生了"情况"！那是母女二人，母亲因为长得过矮，为弥补身高，穿得特别时尚。开始还以为她们是韩国人。她不仅衣着光鲜，还穿了双高跟鞋。天啊，走这样的路，那鞋不是要人命吗？果然，她一不小心，一只鞋跟崴掉了。

我们一面窃笑，一面安慰她。母女俩悻悻地钻进了鞋店。一会，母亲换上了一双新鞋。却仍旧是双高跟鞋！这鞋还算争气，鞋跟始终没有掉下来。只是，她走路依旧一瘸一拐。上坡还好，下坡时，那走路的姿势如履薄冰。我忍不住劝她，买双运动鞋吧。她终于无奈地点点头。

午饭时，我们纷纷向那位母亲敬酒，祝贺她有惊无险，总算没崴了脚。

午饭是蔬菜沙拉，烤鸡排，还有道地的意大利通心粉。我们吃得津津有味，都说，在这里吃意大利面特别有味道。

下午，那位母亲终于换了双旅游鞋。一看就是"中国制造"。凭借着"中国制造"，她跟大伙登上了小城的最高点。从这里，可以清晰地俯瞰坎坡二世广场。广场位于市中心，建在三座丘陵的汇合点上。红砖铺就的半圆形广场，用白线分为九个扇形。广场上，挤满了人，像过节似的。黄昏来临，夕阳余晖把广场照得辉煌夺目，那四周的红砖建筑以及教堂塔顶上的十字架,也都闪烁着金色的光芒。金灿灿的光反射到人群的身上,反射在人们兴奋的脸庞上。

小城完全回到中古世纪了。黄昏中的锡耶纳更具沧桑感,更富于质朴之美。

我不禁又想到《战争风云》里的描写:"朦胧中,在这座围着红墙的城市周围,起伏的山峦上葡萄园星罗棋布,山顶上是黑白条相间的教堂。"

我细细打量,那远处的山峦上,果然布满了郁郁葱葱的林木。金色的光,把树木染成棕红色。我对着落霞染红的天际问,那半个世纪前的葡萄园,是不是还在那里?

没人回答。

我的思绪又回到那部小说里。正在发愣,忽然一阵喧闹,打断了我的心绪。我回头望去,哈,从小街尽头,正汹涌流过来一队游行队伍。这些游行者是群球迷。今晚,他们的球队要和邻近小城的球队比赛,现在是为了晚上的活动进行预热。

这真是一支奇特的队伍。为首的是位高大青年,他打着一面大旗,雄赳赳地迈着大步,他后面是一群奇装异服的年轻人。他们敲着小鼓、挥着彩旗、吹着喇叭,又叫又唱,兴奋异常。更夺人眼球的是,队伍里不仅有姑娘们,有穿着古代服装的老人,还有不少推着童车的年轻妈妈。车里的小孩悠然望着四周,并不感到奇怪。看来,这种游行他们已司空见惯。

队伍吹吹打打、浩浩荡荡从我们面前经过。他们热情地朝我们挥手、叫喊,似乎想把他们的热情传递给我们。

锡耶纳的居民,是欢乐喜庆、热情奔放的民众。看一场足球赛,如同是盛大的节日,可以想见,每年七八月份两次赛马会的盛况。届时,将是万人空巷,几乎全市的市民都聚集在广场上观看比赛。赛手们身着古代服装出场,使人感到时光倒流了好几个世纪。

是啊,锡耶纳的时光流水似乎迟缓,锡耶纳却又是激情四射的城市。

罗马的角落

罗马是尽人皆知的城市。提起它，人们会告诉你，罗马斗兽场、威尼斯广场、君士坦丁凯旋门以及城中之国的梵蒂冈和圣彼得大教堂如何如何。还会提到电影《罗马假日》《罗马，不设防的城市》等等。然而，要想近距离接触这座城市，看看它鲜活的生活，了解它的精神，仅仅面对这些冷冰冰的石头建筑，显然是不够的。

这次来罗马，我们采取自助游的方式，以便走走它的角角落落，更加接近这座世界名城。过去，我曾经随国内旅游团来过罗马，但是由于行程的安排，在罗马停留的时间不长，有些著名景点根本来不及好好游览，即便像斗兽场这样的旅游胜地，也仅仅在场外走马看花地转了一圈，场内看也没看就算是游览过了。这不能不令人深感遗憾。

现在，我们终于可以近距离地来领略它的风采了。

我们下榻的酒店位于罗马市内西北地区。地段幽静、环境优美。据说这里属于高档住宅区。因此，酒店虽然不大，却很有格调。整幢建筑是古色古香的三层小楼，门前是不大的花园，院内种满了花草，一些红的黄的和蓝色的小花点缀其间。沿着小径进入酒店大堂，大堂也是家庭式的,给人温馨舒适的感觉。那部老式电梯,至少有八十岁了吧,运行缓慢且空间狭小,仅能容纳三四个人。尽管如此,这家小酒店还是十分诱人。进一步看,小小电梯不已经是一个古董了吗?因为这座电梯,因为那些胡桃木的老式家具,因为那年代久远的壁纸,因为这一切,才让我们觉得置身于上世纪五六十年代。反观我们上海,这些上个世纪的东西,在二三十年前,到处可看,现在却被仿制品替代了。好的东西不知道珍惜,随手丢掉,回头想想,原来是个宝,于是造个假的,这种搞笑的事,真是俯拾皆是啊!再说酒店的餐厅,更是精巧别致,布置经典,并且非常有家庭氛围。餐厅一面是明亮的落地长窗。窗外的庭院摆几张餐桌,院子上方架着葱郁的葡萄架,清晨阳光透过树叶空隙点点洒落下来。坐在那里喝杯意大利红酒,吃着新出炉的面包,实在是爽快。

这就是罗马的一个角落。一个悠然舒适的角落。可是,早饭后,我们转出那片街区,来到一条热闹的街头时,感觉就差了许多。那条街行驶的公交车还很洁净,但街两旁一字排开的垃圾桶却大煞风景。尤其是路旁建筑物的墙上四处画满了涂鸦,几乎找不到一块干净的地方。以后几天,我们更加领受了这种蹩脚涂鸦的可怕。记得前些日子,有人提倡在上海搞些墙头艺术,幸亏雷声大雨点小,不然,上海街头变成罗马那样,那可是叫天天不应了。

在罗马,无论你走到哪里,不论是车站、公园围墙、公用建筑还是高速公路的围栏上,到处都有一些好事的人在上面胡涂乱抹,画得极其丑陋,还有些不堪入目的文字。它破坏了城市的整洁和秩序,可能也会降低整个城市的品位。

或者,这是一种"自由"的产物?罗马市民对此作何反应?我不能回答。

我们去罗马时正是盛夏时节。骄阳似火，风也是烤人的。然而，此时正是旅游旺季。大街上，景点四周，到处游人如织，各种穿着、各种肤色的游人东奔西走，四处游荡，热闹得如同节日。这样，饮水成了重要问题。景点的卖品部供应的饮料较贵，又加上需求大，大家纷纷寻找廉价水源。多亏罗马市府想得周到，他们在很多景点，甚至街头角落，都设置了过滤水装置，只是我们水土不服，饮过之后，肚子会常常提意见。

有人说，罗马人习惯于懒散，对此，我没有感受，然而，罗马人的乐于助人和热情，却给我们留下深刻印象。

一天，我们在参观了万神庙以后，忽然想到一份资料上提及的圣乔万尼大教堂，便东一榔头西一棒子地四处打听。我们的英语有失水准，罗马市民的英语也好不到哪里去。所以，常常是鸡对鸭讲，对话难免南辕北辙。尽管这样，没有一个人对你表示淡漠。问了不少人，跑了不少冤枉路，仍旧在小巷里打转。正在一筹莫展之际，我们遇见一位意大利中年女子。她穿着合体的西装，举止优雅，看上去是位职业女性。当她明白了我们的问询后，立即对我们说："请跟我来。"她是从一家机构里走出来的，从时间上看，正是下班时候，耽误人家显然不合适。我们婉言推拒，但那位女士坚持要带我们去。走过几条小巷，七弯八拐，我们终于来到了圣乔万尼大教堂。我们与那位女士挥手告别之后，她走了几步，又折返回来。她操着生硬的英语，反复告诉我们返回的路线，并介绍了许多有关这座教堂的情况，这才满意离去。

罗马市民的热情让我们许久难以平静。

圣乔万尼大教堂的确令人叹为观止。那高大宏伟的建筑格局，绘有精美图画的穹顶，镶着彩色玻璃的长窗，精致的雕饰、圣像、祭坛等等，无不显示这座教堂的美轮美奂。也许是那位热情女士的影响，我们不得不赞叹古罗马人的智慧和高超技艺。古罗马斗兽场，卡拉卡拉浴场，形形色色的广场，大大小小的教堂，罗马城向人们展示的古建筑经典，简直数不胜数。尤其是卡拉卡拉浴场，给了我们极大震撼。这座建于两千多年前的浴场，不仅规模宏大，格局独特，而且，从现在的遗存上，仍旧可以看出当年内部装饰之精美绝伦。两千年前的马赛克如今依旧光滑鲜艳，两千年前的装饰线条依旧清晰。

应该说，我们今天能够看到这么多的古代奇迹，应归功于罗马市政府和民众对历史遗迹的重视和保护。我们在罗马住了不过六七天，但是对罗马地铁的走向已了如指掌。因为这座城市的地铁仅有两条，交叉成 X 形，虽然不能四通八达，但是能有效地保护不少地下遗迹。他们在开发地铁之初，常常会碰到地下遗址，投鼠忌器，后来罗马索性终止了地铁的发展。

罗马的地铁连接着许多重要的旅游景点。它给了我们不小帮助，也给了我们一些麻烦。因为，在地铁里，我们曾不止一次遭遇小偷。那些"三只手"多是北非人或东南亚一带的外来户，他们遍布罗马的各个角落。

一天傍晚，我们再次来到斗兽场外，想看看它夜晚时分的容姿。

华灯初上，斗兽场周围的古城遗址，逐渐亮起了虚幻的装饰灯光。斗兽场不远处的凯旋门，被迷离灯光勾画得如梦如幻。霎时间，无数只射灯一齐照向了斗兽场，那些巨大的石块，那些残墙断壁，顷刻之间都被镀上了金色，斗兽场显得越加迷人。明月升上来的时候，广场上，人越聚越多，那些白天不大露面的小贩，也夹在人群里。他们吆喝着，摇晃着要贩卖的玩具和旅游纪念品。那些商品制作粗糙，价格也不便宜。知情者告诉我，他们"醉翁之意不在酒"，趁着夜色，他们还会做别的买卖。

我不禁忆起临行前朋友的忠告：在罗马旅游，一定要捂紧你的钱包。

罗滕堡的中国游子

旅游大巴戛然停在古堡拱形大门的门前。导游告诉我们说：著名的罗滕堡到了。

这座小城明文规定，凡是大卡车与旅游巴士一律不得入内。理由很简单，既是为了保护城堡内的路面，也是为了维系小城内古朴的氛围。不过，小汽车和马车却是可以自由出入的。这也可以理解：当那些系着马铃的、响着悦耳铃声的小马车，辚辚地走过那些鹅卵石路面时，当那些驾车人的身影掠过古香古色的小屋时，人们仿佛回到了中世纪的小城。

入乡随俗，我们于是轻装前进，拖着行李箱入住了市中心的小酒店。

遍布于德国境内形形色色的古堡，可谓当地田园风光的一笔亮色。而罗滕堡则是所有城堡中，保存中古世纪风貌最完整的地区。在一片盎然绿色里，一条坚固的花岗岩砌就的城墙，把这座小城完全环抱起来。城外是广阔田野，凭高远眺，碧蓝的陶伯河蜿蜒远去，大地一片葱茏。城内尽是木石结构建成的两三层小楼，小楼的屋顶皆是深深浅浅的橘红色，故而被人称为"中世纪宝石"。

同行的一位年轻游伴是个摄影爱好者，大伙儿都称他为"大弟"。大弟进城之后，他的相机几乎没有休息过，"咔嚓、咔嚓"地拍个不停，恨不得要把这座小城全吞进他的相机里。我们打趣他："你索性把家安在这里吧。"大弟还没有结婚，憨憨一笑，作为回答。接着，又忙乱地去按相机快门。

狭长的小街上，举目皆是造型古朴、五光十色的建筑。不少陡峭的屋顶上还建有大大小小的"老虎窗"。在一座大房子的屋顶上，那些小窗，竟造得有五六层之多！想来，那屋顶下的一片天地，定然犹如迷宫一般。我们细细品味着每幢小楼，发现楼前的四周都种满了花草，家家户户的窗台上也都摆着鲜花。那白色的、粉红色的、淡蓝色的花朵，与色彩缤纷的墙面，绘就成一幅幅和谐温暖的图画。

小街都不太长，清一色的鹅卵石路。石路颇有些高低坎坷，记录着悠久的岁月。是啊，几个世纪过去了，小街依旧这样整洁迷人，足以看出这里的人们是多么重视自己的文化。小街更迷人的地方，是街道两旁星罗棋布的小商店。那些临街小店，布置得精巧别致、色彩斑斓，各具特点，无一雷同。店门上方的墙上，多悬挂着铁艺制成的店招。有的如发光的太阳，有的锻造成游水的鸭子，有的是骑着白马的骑士。我们的一个游伴，如痴如狂地对着那些店招一顿猛拍。他告诉我说，欧洲许多城市商店的店招，都很有特色、很富艺术性。他因为迷醉这些工艺品，几乎跑了大半个欧洲。如今算下来，已搜集了千余种各色店招图案。

在一家设计古怪的商店门前，我们停下了脚步。那家的店招竟是一匹大笑的驴子！原来，那是家玩具商店。小店橱窗里，摆满了各式玩偶。白雪公主啊，夹着扫帚飞行的巫婆啊，戴着小红帽的小丑和英俊的王子啊，都化成布偶，一齐来这小橱窗里聚会。可以说，这片小小天地就是中世纪王国的缩影。在另一家小店里，不仅摆满了仿制的骑士盔甲、佩剑、刀斧，甚至还陈列着一具从未见过的器具。我们细细研究了半天，才恍然大悟：这大约就是史书上曾提及过的，所谓"贞操带"。中世纪"十字军"东征时，这种东西大行其道，令许许多多的欧洲妇女，深受其苦。中世纪，非人性的中世纪，这家小小商店为其做了极妥当的注脚。

小城里，除了旅游纪念品商店，玩具商店和规模不大的画廊之外，这里的食品店就更加诱人。店里，时时飘出的烤面包和冰激凌的香味，让人不得不停下脚步。商店门前的人行道上，通常摆上三五张小桌，设十几把椅子，供客人临街小憩，品尝美味佳酿。我们也在一家小店的门前坐了下来。平日滴酒不沾的我们，竟也叫了一瓶黑啤和一瓶黄啤慢慢啜饮起来。资深者告诉我们，在德国旅行，如果不尝尝各个城市里的啤酒，几乎可以说是枉来一趟。据说，德国各地的啤酒有浓有淡，有柔有烈，品味各异，算下来也许有上百种之多。罗滕堡的啤酒，并不因地方小而味道逊色。在这阳光明媚、气温颇高的街头，喝上这样一杯啤酒，实在是美事一桩。

这座小城另一个引为自豪的，可算是全城内的数座塔楼。小城的东西南北四方，皆建有高耸挺拔的塔楼。这种建筑都是用花岗岩筑成。下端是不高的拱门，有的旁边还有角门，上端是尖尖的塔顶，正面墙上镶嵌着古香古色的大钟。每处塔楼虽然布局相仿，但是，各有各的高度与特色。它们可以说是罗滕堡的点睛之笔，是中世纪欧洲古建筑的经典代表。

在漂亮的半木结构的民居间，我看到了罗德尔拱顶门洞和高大的马库斯塔楼。站在塔楼前，我凝视良久，总觉得遇到了一位久违的朋友。终于忆及，在一些介绍欧洲的书籍和画报里，在一些美术作品中，我已不止一次地邂逅了这座优美建筑。归国后，我曾为其精心绘了一幅水彩画，算是对这位"老朋友"的纪念吧。

离开马库斯塔楼时，旅伴们齐声说，"快去市中心的集市广场"，因为，在市府的钟楼上，正在上演《海量酒客》。据说，十七世纪，在一次外族入侵时，老市长一口气喝了大量红酒，迷惑了敌人，从而拯救了市内民众，使罗滕堡免遭毁城之灾。不过，市府钟楼小窗内木偶"表演"的《海量酒客》，十分简单，只是转了两圈。比起布拉格市内的市府钟楼上的演出，要逊色了许多。

然而，就饮酒御敌说来，还是很带有传奇色彩的。其实，罗滕堡处处是童话演出的场景。古城堡门前的木偶戏、圣诞节期间的音乐会以及"圣诞节博物馆"，都在诉说着昨天的神话。

这一幕幕神话，就在这个小"王国"中演出着。这个小"王国"，又是用厚重的城墙包围着。城墙有两三层楼房那么高，五六米厚，城墙上方是盖有屋顶的长廊。对城外的一面是石墙，上面设有箭孔；对内的一面是木板铺成的走廊，边缘用巨大木头架成栏杆，每隔一段，就有缺口。缺口与粗笨的石阶相连，从此可以下到城内地面。这种独特的城墙我第一次见到。想来，当异族入侵时，守城的战士，在建有屋檐的长廊上奋战，风雨无碍，可算是一大创举吧。

我们沿着城墙的游廊步行了一刻钟，已走了游廊的三分之一，可见，罗滕堡城内的面积，的确规模不大。

晚饭后，我们在黄昏中的街头闲逛。落日余晖映照在瓦红的屋顶上，如铜铸一般。街上行人寥寥，商店里也亮起了灯火。在兹贝尔塔楼附近的小巷处,我们偶然遇见了两个生活在当地的中国人。是父子俩,父亲四十几岁,儿子仅十来岁。模样看上去像是广东、福建一带的人。孩子含着一块雪糕,脚踏儿童骑的小三轮车。我用普通话跟他们招呼:"是中国来的吗?"

对方点点头。

我又问:"是广东人?"

对方操着带有闽南口音的普通话回应:"从香港来的。"

接着,我们便有一句没一句地闲聊起来。

我说:"你们住在这里,简直是世外桃源啊。"

他苦苦一笑,说:"世外桃源?哈,有什么好?想回也回不去喽。"原来,他带着妻子十几年前就从香港来这里发展。开始是经营中餐馆,多年过去,虽有些进展,仍旧是那家餐馆,不过是多了两个雇员而已。

我略带诧异地说,我们刚刚在中餐馆用过晚饭呀,怎么不曾见过?

他笑笑说,这城里仅两家中餐馆,相隔不远。他经营乏术,所以,凡从中国大陆来的游客,多是去另一家。当地的德国人,对中餐兴趣不大,来中餐馆就餐,仅是偶尔为之的事。

夜色降临,小商店和居民楼的窗前,闪烁着朦胧灯光。鹅卵石路面,在路灯的微光中,更加显得凹凸不平。不明不暗的光影与三三两两的行人,绘成一幅寂寞了然的图画。此情此景提醒着我,这座小城仍旧活在过往的岁月里。

在幽暗的灯光下,那位香港来的餐馆老板,恋恋地与我们道别。虽是偶遇,交谈不多,但对他说来,这毕竟是向同胞吐露心思的机会。尽管,过去从未谋面,今后大约也不会再见了吧。分手时,他一再向我们挥手,嘴里还喃喃道:"回不去了,今生今世是回不去了。"

在低回的话音里,父子俩渐渐消逝在苍茫夜色中。

罗滕堡,这是欧洲人的故乡,我们匆匆来,匆匆去,对这里感到有趣、新奇,但长久生活其中,则是另一回事了。

故乡的云,毕竟是故乡的云。

巴塞罗那和她的建筑师高迪

这一届的足球世界杯,西班牙队表现不尽如人意,但是,西班牙足球队永远是无法让人轻视的劲旅。尤其是巴塞罗那队,也许再过二十年,仍旧如此。正如同西班牙的建筑,几个世纪过去了,那些"凝固的音乐",仍然给人以震撼。

说到西班牙的建筑,不得不提到一个响亮的名字:安东尼·高迪。这位伟大的建筑家,与巴塞罗那这座城市的辉煌紧密相连。

1926年6月的一天,巴塞罗那全城万人空巷,街头是一片欢腾的海洋:人们在举行自己城市有轨电车的通车盛典。电车闪亮登场,彩旗飞舞,欢声雷动,市民们沉浸在欢欣甚至亢奋的气氛里。这时候,一位步履蹒跚的老人,企图穿过马路,不料,一辆车子开过,猛然撞到了他,老人应声倒地。几乎没有人知道他是谁,更没有好好对待这位流浪汉似的伤者。隔了许久,人们才把他送往平民医院。几个小时之后,老人去世了。巴塞罗那的狂欢继续着……然而,人们很快知道发生了什么:这座城市的骄傲,天才的建筑大师安东尼·高迪,就是这位在穷人医院谢世的老人。

乐极生悲,巴塞罗那人痛失了他们引以为傲的伟人。

巨星陨落常常让人欲哭无泪。如果当时人们及时把那位受伤老人送往医院救治，如果那些欢欣若狂的人们知道受伤的是高迪，如果没有那场庆典，这位大师可能对巴塞罗那会有更多贡献。然而，命运弄人，一艘宣称永不沉没的巨轮，在处女航时就沉入海底，也并非个例。高迪的离世，让人联想到小说《飘》的作者，也是在穿行马路时，出了意外。难道，这些天才人物，因为内心世界的繁花似锦而忘记外面世界的瞬息万变了吗？

有一篇文章曾经感叹高迪谢世这件事："他用发光的生命证明了世俗的灵魂是多么需要净化。这位终身未娶的大师，没有带去任何东西，却把最宝贵的礼物留在了人间——整个巴塞罗那。"

这个评价也许概括了高迪辉煌的一生。他的理想和遗憾随他而去了。或许高迪的最大遗憾是他精心设计的圣家族大教堂仅仅完工了一小部分。正因为这样，高迪最终被安葬在圣家族教堂的地下墓室内。

我们拜访圣家族教堂的那天，是个晴空万里的秋日。天气晴朗，和风习习，在地中海沿岸国家特有的蓝天下，游人如织。巴塞罗那的街道，并不像我想象中那么繁华，街上的高楼大厦并不很多，尤其是新建筑。而过往的建筑遗迹却随处可见。在街头徘徊良久，于绿树丛中，我终于望见了几座明晃晃的塔尖在阳光下闪闪发光：圣家族大教堂就要到了。尽管在访问之座城市之前，我就做足了"功课"，看了有关这座独特教堂的不少图片，但是，当她逼近眼前时，还是感到震撼。是啊，这座神秘得有些近乎虚幻的石质建筑物，曾经多次进入我的梦乡。在欣赏科幻电影时，那些奇形怪状的场面，也经常让我与这座建筑联系起来。

我站在教堂跟前，仰望那几个不同于传统哥特式造型的高塔，注视着刺目阳光照耀着的拱门和那些精雕细刻的浮雕，不得不赞叹设计者的巧夺天工和建筑工匠们的高超技艺。清风拂面，光影移动，石头墙面上的雕刻幻化成光怪陆离的图画。我的两个旅友不禁说道："噢，怪吓人的。"我笑笑对他们说："雕刻的都是圣经上的故事嘛，有什么可害怕的。"

安东尼·高迪素有"奇才"和"鬼才"之称，有人发出这样的疑问："是天才还是疯子？"当然，他是少有的天才。仅以这座教堂的设计，就表明了一切。他从三十一岁接手圣家族教堂的设计与建造，整整工作了四十三年，直到他逝世。这含辛茹苦的几十年，也仅仅完成全部工程的五分之一。正面的拱门虽然已经建好，但那层层叠叠的浮雕和圆雕已经新旧不一，有的久经风霜，大理石风化侵蚀已经变得灰暗。有的看上去石料较新，大约是近年补缀上的。

走进教堂大厅，一根根巨大石柱呈现在我们面前。那些高大石柱有的如同大树，有的以植物的叶片组成；那些柱头装饰，有的制成草莓形状，有的如盛开的玫瑰。置身其间，仿佛进入了梦幻般的森林，绿草的清香，湿润的空气，就在你的四周弥漫开来。大厅中央的祭坛还没有完成，一些柱子的周围又搭起脚手架，显然是在整修。我问，整个教堂什么时候可以完工，没有人回答。

圣家族大教堂已经建造了一百多年，几代建筑师就像接力赛跑一样，一批退出，另一批接上。历经一个多世纪，先前造的部件已经变黑，后续的也有了风化的迹象。然而，人们还是不停地建造，建造。

巴塞罗那的圣家族大教堂啊，你的那些建造者们，不能不令人敬佩。

按照高迪的设计,圣家族教堂有三个立面,寓意"诞生""死亡"和"荣誉",分别对应着耶稣的"道成肉身""救世主"和"末日审判的法官"这三种身份。教堂的拱门四周,墙垛上和穹顶上雕就的众多使徒与耶稣石像,就演绎着一篇篇《圣经》故事。那些波澜起伏的浮雕和圆雕,高低错落,富于节律,连绵不断,宛如流动的赞美诗。看起来,高迪试图把凝固的音乐变得灵动起来。有人说圣家族大教堂,是一部石头铸就的《圣经》,这算是诗意的表达吧。

在那个灰色的夏日,高迪离他心爱的建筑而去。这时候,圣家族大教堂仅完成了象征"诞生"的东面立墙。在他弥留之际,一定想着那奇伟建筑的一砖一石吧。余下的工作只能由后继者来完成了。巴塞罗那成就了高迪,同样,高迪把巴塞罗那推向了全世界。这个不灭的灵魂,在巴塞罗那的上空游走,俯瞰着他心爱的城市,为这座城市注入他的奇思妙想。

高迪从小就是个性格内向的人。他诞生于加泰罗尼亚偏僻小城雷多斯,从小就不喜欢与人交往,终其一生也没有成家。他曾就读于巴塞罗那省立建筑学校。初期的设计作品近似华丽的维多利亚式,后来转向,形成哥特复兴式的新艺术建筑风格。他曾经说过:"直线属于人类,曲线属于上帝。"所以,他后来的作品充满曲线的造型。

我们在"不和谐街区"一带,看到了高迪是如何推崇曲线建筑的。在这条街上,阿马特耶之家、巴特约之家、米拉之家,一字排开,令人眼花缭乱。巴特约之家充满魔幻色彩;米拉之家则融入了现代主义风格。应该说,就高迪的作品中看,米拉之家更具代表性。米拉之家又名"石头屋",它那波浪起伏的建筑正面,设有几扇造型怪异的窗户和铁质阳台，尤其是那些屋顶上的烟囱，有的像微型碉楼，有的如同头戴钢盔的士兵，有的让人联想到神话里魔王的城堡。这种超乎寻常的设计，使人难以想象。1984年，米拉之家被选为世界文化遗产。高迪的作品，前后有六项被列入世界文化遗产，这在世界上也是绝无仅有的。

西班牙曾经被伊斯兰国家控制了近四个世纪。加泰罗尼亚文化受到伊斯兰文明的影响，在高迪的设计里也可以看到一些痕迹。我们游逛奎尔公园时，加深了这个认识。奎尔公园位于巴塞罗那市区北部，原来有个富商打算建立一个新区，高迪接手后，历经二十年，打造成华丽浪漫的公共场所。石阶、广场、长椅、喷泉、走廊，公园里的一切，无不带着光怪陆离的色彩与造型。尤其，那些贴着马赛克的墙面，显现着浓郁的伊斯兰文化的符号。这些标新立异的建筑，不由得使我想到了画家米罗的色彩与构图。

的确，西班牙的艺术大师们大多有着一种特质，那就是绝不走别人的老路。追求创新，追求独特，追求异趣，哪怕走入怪异。据说，达利、毕加索和米罗等大师，都是极为推崇高迪的。高迪那些极具表现力的建筑，是建筑史上的一道奇葩，启迪着后来的艺术家和建筑师的想象和创新。

我曾经请教过一位建筑行家，如何评价高迪的建筑艺术？他回答说："您可以不理解，可以不喜欢，但你不应该不知道。"后来，有人问我怎样看毕加索的《亚威农少女》，我亦回答，你可以不理解，不喜欢，你不应该不知道。在大师面前，我们显出无知。借用黄永玉老先生的话："徐渭、八大、凡·高活在当时几曾为人了解、认识？因为他们深刻，他们坚硬，一口咬不下，十口嚼不烂，必须有好牙口、好眼力、好胃口才够格招架……以至如明星之光年，施惠于遥远的后世。"是啊，创新不仅需要勇气，不仅需要智慧，不仅需要开阔的视野，还应该有着前瞻的目光。不是吗，《亚威农少女》正如同高迪的建筑，不是传统意义上的"好看"，但都具有划时代的意义。直到今天，不少大城市新耸立起来的大型建筑，就有不少曲线的造型。当然，它们的曲线更具现代感。难道，如高迪所说，曲线是属于上帝的么？

苦禅大师画鹰

我在北京电影学院学的是电影美术设计，基本训练是西洋画。为了提高同学们对中国画的鉴赏力，系里从中央美术学院请来了国画大师李苦禅教授。

苦禅老师离世已经多年，但老师的音容笑貌仍然历历在目。老先生艺术造诣深厚，且为人风趣。

记得，那天李苦禅老师来到我们美术系时，大家像过节一般，做了隆重的接待：笔墨伺候十分周到，教室也选了最明亮最宽敞的一间。同学们围在李苦禅老师四周，全神贯注地看先生纵横笔墨。

老师一边讲述国画的要义，一边现场绘画。讲到后来，兴致上来了，脱掉外衣，捋起袖管，开始画他的拿手绝活：水墨雄鹰。只见老师寥寥几笔就画出了雄鹰的喙和炯炯有神的鹰眼。挥洒正酣之际，先生情绪来劲了，开始讲起了笑话。

他操着略带山东腔的普通话说，咱们中国的画才叫艺术，中国画里的学问大了去了。笔墨间要前后照应，胸有成竹才能有个好的布局。画中要虚中有实，实中有虚，密不透风，疏可走马，像与不像之间，有时要意到笔不到，惜墨如金，方能引人联想。八大山人的画那才叫艺术。不像西方的艺术，实打实。就说他们认为最高的艺术芭蕾舞吧，这叫什么艺术？小腿绷得笔直，腰里别把小阳伞（指薄纱短裙），有功夫多跳会儿，没功夫少跳会儿。这叫什么艺术？

这段话把全班同学逗得哈哈大笑。说到这里，苦禅老师的那只雄鹰也画成了。我们的班主任老师精心地把画收好，说，请再画一张吧。他又开始画鹰的喙和炯炯发光的鹰眼。这回一本正经地说，外国的艺术其实也是很高超的。芭蕾舞是很精美的艺术，好看，精致，引人入胜。小阳伞只是逗大伙乐一乐。

从老师真真假假的话里，我看到了一个艺术家的自信。李苦禅老师的画作，那么生动，寥寥几笔就那么传神，与他的学养是分不开的。

李苦禅老师的一堂课，让我们在热热闹闹的氛围里，学到实实在在的知识。

大师自有大师的范儿，与那些端着架子，没有真才实学的冒牌教授，截然不同。

李苦禅老师对芭蕾舞的调侃，其实是让我们经常走出画室，关注各类姊妹艺术。毕竟，功夫在诗外。我渐渐懂得了这个道理。

芭蕾，诚如李苦禅老师所说，是很精美的艺术。作家白先勇先生说得更加透彻。他说，一种表演艺术如果能美到超越文化阻隔，超越语言，超越地域，就说明她已经达到了很高的艺术高度。"美"字很要紧，我们看西方的芭蕾舞，不管里面跳的是什么故事，都觉得姿态美得不得了。

山东腔的"腰里别把小阳伞……"李苦禅老师的名句，让班上两个顽皮同学模仿了好长时间。

"明月秋风知有会，暂时分手总相思。"我们期盼着老师明年再来。期望秋风再起时，重睹老师风采，聆听幽默段子和深入浅出的画论。

来年，李苦禅老师没有再来。过了几年，"文革"却来了。

听说，李苦禅老师也被斗得很厉害。我想，老师那倔强脾气，斗得能轻吗？然而，凭借老师洒脱的性格，凭借老师不屈不挠的精神，造反派那些伎俩又奈何得了这位大师吗？

挺拔坚硬的礁石，总是在岸边屹立着，只有软弱泥沙才会随波逐流。

愁日素雪，暗月寒风，坎坷岁月就这样过去了。果然是，"文革"过后不久，李苦禅老师又活跃在画坛上了。

李苦禅大师生于1899年，卒于1983年，应当属于高寿了。这与他的处世豁达、性格开朗有很大关系。他是山东人，小时候家境贫寒，拉过人力车，借住过庙宇，遇到过多的挫败。他早年认识徐悲鸿，学西洋画，1923年拜齐白石为师，曾任杭州艺专教授，后任中央美术学院教授。其作品独树一帜，渗透着古法，又能独辟蹊径，成为大写意花鸟画的艺术巨匠。热情的人生态度，洒脱的品位，开朗幽默的性格，造就了李苦禅的大气画风。

北京的画家笔墨间透着大气，洋溢着潇洒。神情豪放、情感恣肆的性格与这个城市的风貌精神是分不开的。

上海的画家，也有大气的一面，在洒脱的背后还藏着精致灵巧。

我国文学艺术的发展历程，向来有豪放与婉约之分。北方的大漠高山、冷峻气候，朝代兴废的人文背景，与南方小桥流水，杏花春雨，开放的口岸，人际交流的频繁，形成鲜明对照。因而，北方艺术家的金戈铁马、大江东去对应着南方艺术家的纤云弄巧、活泼灵动。

当然，到了今天，南北融合，东西交汇，成了一个地球村，艺术家虽然不再受地域与风土人情局限，还是可以从一些艺术作品中捕捉到过往的影子。

记得"文革"后期，我们去拜访颜文樑老师，去看他的绘画作品。老师小心翼翼地从床底下拿出几幅画作，谦虚地说，请提提意见。当时我悲哀地想，对着我们这些屁事不懂的小年轻们，让我们提意见，岂不是笑话。这或许是那个时期的悲哀吧。当时，颜文樑老师身处逆境，仍旧保持着谦虚与宽容，这种大师的风范是极其难得的。

颜文樑老师生于美术世家，八岁就开始学画，后入商务印书馆画图室学习西洋画。1922年他与胡粹中、朱士杰创办苏州美术专科学校，开拓了现代美术教育；与刘海粟、徐悲鸿、林风眠，被誉为现代美术教育四大奠基人。颜文樑因其谦虚好学而成为大家。他小时候随父亲学中国画，后来随一位日本画家学习水彩画，然后又自学西洋油画。他对音乐亦有很高的学养。在他的性情之中，非常尊重客观事实，对人对艺术一丝不苟，绘画上强调"写实"。故而，他的油画作品，构思精巧，用笔缜密，具有中国风格和民族气派。什么样的性格，造就什么样的艺术家，所谓文如其人，此之谓也。

与两位大师的偶遇，让我感触颇深。

人的记忆是一种很奇怪的物质，你生活过的某个重要节点，对于他人是一个再平常的日子，但对于你，也许是一辈子值得纪念的时日。抑或，一支忧伤的乐曲，会勾引起你对初恋的回忆，而另一曲深情的恋歌，你却觉得不过是一阵过眼轻风。生活之河的流动，每时每刻都在变化，人们才感到生活的乐趣。

纪念史蜀君

著名导演史蜀君离开我们已经两年多,她的音容笑貌仍旧萦绕心头。仿佛她去远方执导一部新作,只是,永远在远方而不再归来了。

上个世纪八十年代,是上海电影制片厂的辉煌时期。其间,不仅有一些振聋发聩的艺术电影问世,还培养出一批新锐。尤其是女导演群体,在全国各个电影制片厂里,可谓独领风骚。史蜀君导演又是这些女导演中出类拔萃的。她以处女作《女大学生宿舍》一片,震动影坛,声名鹊起。影片《夏日的期待》是她的第三部电影作品,是我与她合作的第二部影片。这次,我与她合作了电影文学剧本,并担任该片的美术设计。在完成影片《失踪的女中学生》之后,她曾经考虑拍一部别样题材的电影,因为,表现现实生活的影片,尤其是青年题材的影片,受到的挑战是相当沉重的。但是社会的责任感、艺术家的良知,使她无法摆脱这样的呼唤,最后还是选择了青年题材。有一天她跟我谈及当今年轻人轻生的故事。她说很想拍一部尊重生命的电影,并表示想与我合作写电影文学剧本。我对她讲的故事很感兴趣,于是开始进行创作准备。在走访了有关的人之后,我们把主人公设计成一个受伤残疾的青年。这就是影片主人公苏伟的雏形。在深入开掘主人公的心路历程时，我们想到了著名作家史铁生。当时，史铁生以小说《我和地坛》享誉文坛。那时候，史铁生住在北京雍和宫一带的一个小小的四合院里。那是不大而且不规则的院落。史铁生热情地接待了我们，他的话不多，表示我们写这样一个题材很有意义。涉及内心的感受，他表示，很多想法都已经写在作品里了。走出他家，我和史蜀君聊了几句，深深感到一位身有残疾的年轻人，内心的挣扎、执着与坚强，那是人性复杂而深刻的部分，对我们的剧本创作有了很大的启发。

史导的影片多以活泼、充满阳光的电影画面见长。这部影片虽然表现的是一个残疾青年的故事，但在片中展现的仍然是鲜活的、流畅灵动的画面。表面看，许多场景似是信手拈来，但是，每一个镜头都是一丝不苟的，有时为了一两个镜头她会纠结良久。影片中有这样一场戏：苏伟去市郊拜访一位面部烧伤的炼钢工人，被那位工人的自强精神深深感动了。离开后，他站在山岗上对着那家的小屋，深深一躬。事后史导对这个镜头很是纠结，总觉得有些做作，不够自然。又如，影片里有一场表现苏伟内心的痛苦、在阳台上自己与自己"对话"的戏。开始，史导打算安排在同一个画面里出现两个苏伟，也是矛盾很久，还是没有这样拍。她怕普通观众不理解。事后她说，当时这样拍就好了。现在有不少电影都有这样的处理，当时就是怕观众看不明白。"惜墨如金"一向是史导的作风。她说，电影导演是个人的创作，但每个镜头又必须对观众负责。

史蜀君的电影作品，大多自己创作剧本，拍摄过程中，修改剧本也就游刃有余了。影片里，有一场表现苏伟情绪大发泄的戏，原先是安排在室内。她觉得空间太小，难以施展拳脚，表现力度会不够，后来改成苏伟拄着双拐去舞厅里跳舞。空间打开了，场面热烈了，欢乐的年轻人们与拄拐的苏伟，形成鲜明对照。在人物众多的环境里，更加反衬出苏伟内心的巨大孤独。苏伟的激情发作，就更有其合理性了。这一场几分钟的戏，影片足足用了一百多个短镜头，产生了强烈的视觉冲击力。

《夏日的期待》标志着史蜀君的创作更加成熟。她挥洒自如地把写实手法与写意手法结合得恰到好处。影片里多次出现立交桥的画面，运用隐喻手法把当代人内心的纠结，形象地体现出来。内心的情绪，能够物化地展现在银幕上，从来是电影导演的难题。

《夏日的期待》的问世，给当时的中国影坛以震动。一位记者说得好："从《夏日的期待》中，可以看出史蜀君对人生、对生活的复杂性有了更深刻的认识，更深刻的理解。她看到了人类的痛苦，认识到人总是在困难、坎坷、生理和心理障碍中以求生存……如何对待障碍，这正是《夏日的期待》要探讨的问题。"从这一点认识，可以说，史导的电影，已经超越了当时导演乃至今日不少导演的思考。这是难能可贵的。

在此，还应该提到演员贾宏声。他是苏伟的扮演者，是一个非常有前途的演员，可惜英年早逝。史导挑选演员是非常严谨"苛刻"的。影片筹拍阶段，副导演宰郎晖天南海北找了几位当时知名的青年演员，史导都不满意。最后找来了贾宏声，史导一眼看中。当时贾宏声还是中央戏剧学院的在读生，他那深沉的眼神、挺拔刚毅的面部轮廓，还有两个青春痘，都是史导心目中的苏伟。的确，贾宏声也很好地完成了片中人物的塑造。影片公映后，好评不断。一条充满阳光的大道展现在贾宏声的面前。不料他染上吸毒的恶习,后来一度戒毒成功,还再次走上银幕。遗憾的是,旧习难改,青春影星就这样陨落了。命运弄人,影片里一个从逆境中走出的青年,却在生活里,在满满的阳光呵护下,走上末路,不能不令人唏嘘。

一部影片的成功与否,演员的选择占了很大比重。史导选演员从不以小鲜肉或女神做尺度。在拍摄《女大学生之死》时,其中为同学奔走呼号,力主正义的女一号,既不美若天仙,又不高大,而是选了沈畅,一个名不见经传、娇小的女孩。但影片却展示出了这个人物内心的强大,这是匠心独具的。

电影文学剧本的通过也是一波三折。上海电影制片厂文学部因为剧中有年轻人自杀的情节而纠结,犹豫间,被中央电视台影视部一眼看中"抢"走。影片是中央电视台投资的,公映后,在电视台反复放映多次,有时,史蜀君会突然打来电话,高兴地说:"东进生,快看电影频道,又放我们的《夏日的期待》了。"其兴奋之情,就像年轻的妈妈在客人面前夸奖自己的孩子:"我们孩子,这次算数又考了一百分。"

是啊,史导的每部作品都是她精心培育的孩子。因为,她为之付出的心血,是常人,乃至今天的电影新秀们想象不到的。

绘画创作联想

一

自从阿尔法狗以秋风扫落叶之势，大败围棋顶尖高手之后，人机对话，或者说人机对决的话题成了人们关注的焦点。当人类打开了这个潘多拉魔盒之后，AI的未来会变成什么模样，我们似乎还处于"朦胧"中。然而，人工智能是人类科学技术发展的方向，并不以个人的意志为转移。人类唯一要做的是，做好准备，迎接未来的挑战。绘画创作是不是也要做这样的准备呢？换句话说，艺术是否也要受到这样的挑战呢？

有一天，我和朋友们讨论起AI对未来绘画艺术的影响，大家很快分成两个阵营。一派认为，随着AI的发展，终有一天，艺术家们也会如同围棋世界冠军一样落荒而逃。另外的朋友认为，艺术无法战胜，这块"人类精神的净土"是永远拒AI于"国门"之外的。因为，"算法"与"情感表达"，应该是两条若即若离的线，合成一条，无法想象。即使AI完全具备了感情，还是赶不上艺术家的脚步。

似乎两派意见都有些偏颇。

过了几天，一位朋友在微信上给我发来一篇文章。这里摘录几个片段:"有人认为,AI复制艺术。即使是毫无感情和认知的算法,也能从数据中找到人类艺术家创造源泉背后规律,然后学习,模仿,画出像毕加索或者凡·高这样的超现实主义大作。""也有人认为,AI可以辅助艺术创作。只要人类艺术家在画板上'稍作挥毫',AI就能立即帮助他们完成接下来的作品,提高效率,省却时间和精力。""……艺术极客,他们从'笔墨纸砚'和'神经网络'中找到了第三条路——一种从未有过的AI+人类创作的独一无二的艺术。"

看起来,文章有理有据,但是,文章似乎忽略了一个前提,那就是,人类艺术创作是感情表达的过程,而这个过程有着很大的不确定性。这样的不确定性是否能成为"数据"?艺术家的创作初衷,与最后完成的作品,有时会有相当大的距离,有时不完全是一回事。这是因为,艺术家在情感表达的过程中,有反复,有犹豫,有电光石火和灵光乍现。这是艺术家最为享受的。当然,艺术作品的问世,还会受到当时生活环境、政治气候、媒体舆论等因素的影响。艺术作品绝不是按着完全的逻辑演绎,有时,还会反逻辑。AI会不会也是这样呢?毕竟,艺术创作与围棋的搏杀是不一样的。棋艺是有严格的规矩的,人类棋手的算法,远远不及AI的能力。棋手面对AI,只能丢盔卸甲,而绘画是既讲规矩又不讲规矩的。尤其是成熟的艺术家,在创作上是从"有法"到"无法"的。所谓艺术家"稍作挥毫"AI就能立即帮助他们完成接下来的作品,这种说法是值得商榷的。

算法从数据中"找到人类艺术家创造源泉背后规律"的说法,难以完全成立。"创造源泉背后规律"是个模糊概念。源泉背后是广阔无垠的空间,一百个读者心中有一百个林黛玉。那背后的规律找起来，哪里去寻觅？不否认，绘画是有着基本规律的，对于初学者，可以按规律学，但是艺术家一旦走向成熟，规律这根拐杖是要丢掉的。八大山人的画，有什么规律？循规蹈矩是成不了"八大山人"的。不错，AI可以学习、模仿画出毕加索那样的大作品，但是，那是简单的模仿，是克隆。在毕加索没有画出《亚威农少女》之前，AI就能先于毕加索大师画出这样的杰作，我是表示怀疑的。

当然，AI的进步，会促进人类艺术的拓展。现在，我们已经看到不少AI完成的作品是多么奇特，多么与众不同。AI鞭策着人类艺术家去做更大、更多的探寻。就这个意义说，AI会帮人类艺术家的大忙。AI会向人类展开未曾打开的广阔视觉天地。它会以前人从来没有的速度，在人们面前展示光怪陆离的场景，它会促进人类艺术家不断探索与追求。

不过，人类艺术家的艺术风格的形成，乃其经历、性格、秉性、爱好等因素使然。可以说，一百个艺术家，就有一百种艺术风格。AI会是这样吗？

AI与艺术的碰撞是不可避免的。但是，有朝一日AI可以替代人类艺术家的结论，我还看不出，至少在现在。

或许，在不远的将来，艺术家的绘画，与AI完成的绘画，各成体系，并且相互渗透？这都是我们还无法预见的。

有关"AI攻占人类最后的一块净土"的讨伐之声，还会不绝于耳，争论也会继续。在这里抛砖引玉，供讨论。

二

不久前，在上海博物馆展出了俄罗斯巡回画派回顾展。对于从六七十年代走过来的美术学院的学生和美术爱好者说，这次画展，如同节日一般。因为那个时期，列宾、苏里柯夫、谢洛夫、列维坦这些耳熟能详的名字和这些大师的作品，影响了美术界诸多学子。

现在重新学习这些作品，仍旧对我们有不少启迪。

这次展出了苏里柯夫的杰作《近卫军临刑的早晨》和为创作《女贵族莫洛佐娃》画的部分写生稿。从这些写生中，可以看出画家的创作准备是多么严谨，多么的呕心沥血。由是，我们才可以看到围绕着莫洛佐娃身边的诸多栩栩如生的各色人物。遗憾的是，在这次画展里，我们没有机会欣赏列宾的《伏尔加河纤夫》原作。我们无缘看看那些纤夫们的神情各异的状态。想来，列宾笔下的这些人物，都是画家苦苦磨炼出来的。

几十年来，我国创作了不少历史画，其中有大量的优秀作品。但是，有的历史画，就构图、场面、色调，几近完美，但就人物塑造说来，稍欠火候。在一幅画里，读者经常看到不少似曾相识的人物，读不出其性格和经历。这恐怕与创作准备不够充分有关。更有一种情况是，为了"完成任务"的创作，其选题并非画家有感而发，创作热情自然不够，笔下的人物难免苍白。

十九世纪中叶，随着俄罗斯农奴制度的解体，社会发生了剧变，文学艺术勃兴，涌现出诸多文学家、音乐家、画家、戏剧家和艺术评论家。他们相互影响，理念互相渗透，艺术门类彼此借鉴，形成波澜壮阔的文化大潮。由是，我们在欣赏绘画《伏尔加河纤夫》时，仿佛可以听到《伏尔加船夫曲》低沉的鸣唱。也许到了今天，这种余音还在。在电影《日瓦戈医生》里，我们仿佛看到了列维坦笔下的白桦林，在电影《这里的黎明静悄悄》里，我们看到了希施金的松树林。在电影《迷人的幸福的星辰》里，我们似乎听到苏里柯夫在创作《近卫军临刑的早晨》时的怦怦的心跳声。

在我们这里，画家笔下的壮美山河，画家笔下的小桥流水，画家笔下的北国雪原，应该更多地进入影视创作者的视野。我想，画家眼里的风景，大约不同于"原汁原味"的吧。往日，中国有一个"文人相轻"的坏毛病，到了今天，它会阻碍文化的发展。只要不是抄袭，借鉴他人，向他人学习，向姊妹艺术借鉴还是应该提倡的。

说到画家眼里的风景，就不能不说说油画的风景画创作。在俄罗斯巡回画派的家族中，风景画家是一群特别耀眼的群体。列维坦、库茵芝、希施金、波连诺夫、瓦西里耶夫、萨符拉索夫等等，这些大家的作品，支撑着巡回画派的半边天。可见，当时的俄罗斯是十分重视风景画创作的。在这一时期前后，欧洲印象主义兴起。印象派画家主张外光写生，而俄罗斯巡回画派的风景画家们大部分作品都是室内创作的。他们与欧洲画家的看法相左。孰是孰非很难定论。不过，我觉得，艺术应该不同于生活，创作油画风景是无可厚非的。即使是写生，也会加入画家的主观感觉。它绝不会如同照相机一样完全的"摩写"。

有一段时间，有些评论家把巡回画派的风景画赋予了过多的"思想"色彩。把萨符拉索夫的《白嘴鸭飞来了》说成是俄罗斯革命的前奏曲，把列维坦的《深渊旁》说成是通往西伯利亚流放地的必经之路，从而表达了对革命者的同情和对沙皇统治的谴责。这是不是有些过分解读呢？

我国的油画风景创作，一直处在不温不火的状态。较长时间，主张艺术直接服务于政治，风景画自然靠边站。今天，艺术创作有了与以往相比无限广阔的天地，人们生活水平的提高，都给了油画风景更多的用武之地，我们应该出现更多更美更有深意的风景油画。

只需等你陪我坐一会

偶尔在网上看到一段视频,记录一位荷兰街头艺人的演出。这位老先生曾经以五十七岁的年龄,在2010年参加"好声音"大奖赛得到冠军。几年过去,艺人已经过了六十岁,他的歌声依旧那样富于激情。视频录制他的街头演唱,令人感动。尤其是歌词,感人至深。

歌手这样唱道:

> 每当我心情低落
> 我的灵魂如此疲惫
> 每当麻烦接踵而来
> 我的内心痛苦不堪
> 然后我会在这里静静地等候
> 直到你来陪我坐一会
> 有你的鼓励
> 所以我能攀上高山
> 当我依靠着你时

我是如此坚强

因为你的鼓舞

让我超越了自己

歌词朴实无华,深深打动了我。尤其那句:我会在这里静静地等候,直到你来陪我坐一会。

是的,相援、相助,不一定需要金钱,有时是一个眼神,一声话语,一段歌声,抑或是"来陪我坐一会",都是最好的声援。

生活不仅是柴米油盐,有时,可以说更重要的是情感的传递。友谊、亲情、爱情、温情、激情等等都需要表达,表达是各式各样,形形色色,明里暗里,曲折直白,默默守护,伸手相扶。无论是活泼外向的朋友,还是沉默寡言的人,都有需要他人相助的时候。因为,没有任何人的人生,可以不经历痛苦。生活会欺骗你,生活也会给你馈赠。

欢乐与痛苦,有时都需要与他人"分享"。

生活里,其实,欢乐不是天天来敲门的,而麻烦和苦恼却常常光临你的窗下。这时候,有人与你分忧,默默陪你坐一会,那是一种幸福。

我们往往忽略了这种幸福。

开放的、陌生人社会,人际交往的频繁,各式各样的陷阱,构成我们日常生活的常态。麻烦,不经意间就会光顾。这时候,你需要有人坐在你的身边。当然,也需要你自己善于排解。坐在你身边的那个人,会成为排解你心中苦恼的助推力。

联想到一件小事,虽然,不能完全注释这样的感觉,毕竟是我自己的体会。

大约1970年吧，自行车还需要凭票购买。当时，我想方设法，东拼西凑弄到一张购买券，买了辆自行车。

过了两天，我骑着全新的自行车，兴高采烈地去朋友家做客。去的路上，妻子坐在后面的车架上，一路春风，高高兴兴到了朋友家。他家在吴兴路上，是临街房子。我把车锁好，停在他屋外的窗下，以为万无一失。

告别朋友，来到停车处一看，傻眼了：我的新车的前轮不翼而飞了。看起来，小偷本想把我的新车偷走，无奈，后轮的车锁质量倒也不错，笨手笨脚的小贼没有打开。贼不走空，这家伙只好把前轮偷走，完事。

我呆呆地站在残缺的车子旁边，垂头丧气，甚至懊悔来时过于兴奋。

我妻子当然也很沮丧。她想了想说对我说，事已经这样，后悔有用吗？我们今天这样，过一个月之后还会这样吗？过个半年，我们还会像今天这样失落吗？我说，可能不会。她说，再过五年、十年呢？我摇了摇头，又点了点头。

果然，十年之后，已经把这件事看成小菜一碟了。在此之后，我不知道丢了几辆自行车，连一点沮丧的感觉都没有了。丢辆自行车算得了什么呢？

最近与友人闲聊，谈及一个有文化的人，不仅有形而下的需要，更应该有形而上的需求。苏俄作家康·巴乌斯托夫斯基有过一段精彩的话，他说："对生活，对我们周围一切的诗意的理解，是童年时代给我们的最伟大的馈赠。如果一个人在悠长而严肃的岁月中，没失去这个馈赠,那他就是诗人或者是艺术家。"

当然,这里提到的艺术家,是广义的。

试想,在一个细雨霏霏的春日,你坐在小桥边的回廊下,一边品着清茶,一面翻阅一本小书。听着潺潺的流水声,偶尔瞥一眼划过的轻舟,这不是让你心灵安静的幸福吗?

这时候,有一两个知己陪伴,你还要什么呢?

一个奇怪的摄制组

这二十来年,港台的电影业不十分景气,不少导演到内地拍片,为大陆电影带来一股春风。然而,港台电影人鱼龙混杂,一些冒牌货也混进了大陆影视圈。

我遇到这样一个摄制组,一群业余者组成的团队,一支影视圈的奇葩。

我在电影界也有了年头。新接触一个影视人,聊上几句,这位的水平也能知道一二。

我参加的那个摄制组,来路不清不楚,剧组的导演组一到,三句话过后,就感觉他们有些业余。工作进行不久,更明显感觉到他带来的那批人,不是正儿八经拍电影的。可以说,拍戏外行,泡妞内行。成天不是讨论剧本,而是大谈玩女人的经历。戏,当然拍得一塌糊涂。

冒昧些说,导演连镜头运用都是一知半解。比如,他对"长镜头"的理解,很出乎意外;就连"对打""平跳"等镜头技巧都不知为何物。

组内有些人品行不端,经常与他人冲突,开车会与人争吵,一次，跟人家打架，造成微伤，赔了钱，了事。拍戏没有分镜头剧本，剧组的不少女生，不知来自何方，专业水准，根本谈不上。

专业的不去谈，说两个平常的例子吧。

有一次，我们到上海郊区临近海边去拍外景。其中有一组夜晚发信号弹的镜头。场景是在一处小山坡前面。时值深秋，漫山遍野都是枯草。

负责发弹的烟火师傅是由我厂借调的，极有经验。开始，他不赞成导演提出的方案，建议导演背向山坡发射。这样，燃烧的信号弹从高空落到地面的距离较长，避免危险。导演以为冒犯了他，借口镜头的需要，坚持正对着山坡发射。烟火师傅扭不过，违心做了。结果，烧着的信号弹因为落差太短，还没有燃烧完就落到了山坡上，引燃了山坡上的枯草，大火立即蔓延开来，几分钟时间，整个山头犹如火焰山一般。

剧组全体与当地群众奋力救火，场面悲壮而震撼。那些看拍电影的人们成了救火主力。幸好当夜风小，不然火势扩展开，后果不堪设想。

火，终于扑灭了，看拍电影的吃瓜群众说，谢天谢地，总算救得及时，不然……又说，比拍电影还热闹。

事后，摄制组赔了当地七八十万元，才算了事。

这件事，在组内成了人们的谈资，大伙哭笑不得。后来，我添油加醋，把这件事写进我的一部长篇小说里。

另一件事还要匪夷所思。

一次拍打斗的戏，场景设在一处施工中的大楼内。

剧情要求一个主要角色爬竹梯到上面一层高处，接近敌方时，被敌方发现。

因为有打斗场面，摄制组安排一个年轻的替身演员去爬竹梯。按剧情需要，当他被敌方发现后，竹梯被对方踢倒，于是连人带竹梯倒在地上。

这样的场面，需要做好充分准备：事先，要在地上的一定范围铺好垫子，以防倒地的人员受伤。竹梯也要事先绑定"威亚"（一种很细的钢丝）。扮演敌方演员只需要轻踢竹梯，工作人员顺势一拉威亚，演员与竹梯就会平安倒在垫子上。

不料，他们的摄影师仅让工作人员在竹梯的顶端中间绑上一根"威亚"。开拍，一切看上去进行得很顺利。当演员爬到竹梯上端时，扮演敌方演员脚一伸，导演即刻喊："拉！"竹梯应声被拉倒。可是，因为那梯子上端只绑了一根"威亚"，倒的方向无法控制，又加上拉"威亚"的人用力过猛，梯子与演员偏向一边倒下，演员没有摔在垫子上，而是从五六米的高处，落在水泥地上。更不巧的是演员后脑着地，当场停止了呼吸。

那位替身演员，年仅二十一岁。风华正茂的年纪，就此告别了人世。

多么冤枉。

据说这位替身演员，已经入行三年，且极有前途，糊里糊涂死在无知的外行手里。

春天有着许多不知名的树，有着许多不知名的野花野草，是它们与那些名花佳树，合成美丽春天的画卷。近一些年，武打片盛行，并受到观众的喜爱。要知道，那些出神入化的拳脚，多是通过剪接和特技做成，真正打斗出色的行家毕竟少数。当我们坐在电影院里观赏那些惊心动魄的武打时,我们不会想到,其中含有武打替身的血汗。

台湾知名散文家张晓风说:"赏春的人常去看盛名的花,但真正的行家却宁可细察春衫的针缕。""那些没有品质的花却纺织了真正的春天。"

以这句话,纪念那位年轻的电影人,或许是一种慰藉吧。

书目的联想

我刚进北京电影学院,就拿到一本小册子,上面列着在校要读的一百本课外书。

草草看了一下,有些书,如《十日谈》《德伯家的苔丝》《老残游记》《麦克白》《浮士德》以及弥尔顿的《失乐园》等,都是我在中学没有看过的。这本小册子装帧得不错,为此我保存到大学毕业。毕业之后,如释重负地丢到不知哪里去了。说来惭愧,书目里开列的书籍,我连三分之一都没有读完。仅此一项,就可以说,我在学院没有完全毕业。

走出大学,就参加了各种各样的所谓"运动",到后来,"文革"的焚书运动闹腾起来,我怀疑学院让我们读的那些书,究竟有益还是有害。再到后来,大部分书都没了踪影,成了禁书。

那时,我刚来上海,亲眼目睹了我们电影制片厂附近的徐家汇藏书楼是怎样焚书的:北京来的红卫兵把大捆大捆的书籍搬到空场上,浇上火油,一把火把它们烧掉。那可是堆得小山一样的书籍啊。有许多是美丽的精装本。可能还有绝版书籍。

烧得通红的书,慢慢变得黯淡,开始发黑,变成焦炭;有的,已经燃烧成灰，随着秋风，升到浓烟滚滚的空中。

红卫兵们围在周围，群众也站在四周。人们恐惧地看着；人们惋惜地看着；也有人幸灾乐祸地看着。那通红通红的火焰，照红了红卫兵们，照着他们亢奋又充满敌意的脸。

当时他们在想什么呢？

当时我也年轻，没有意识这是一场浩劫。到了今天，回忆这样的场景，不由得让我把戈培尔与秦始皇们的倒行逆施联系起来。

毕竟，荒诞的闹剧不能持久，人们的良知是不会一直被泯灭的。

书是人类进步的台阶，书是你一生无言的朋友。经过惨烈的折腾，人们重新认识到这是任何力量也诋毁不了的道理。常常想，如果现在再有那么一本书目该有多么好。大学里阅读的那些书籍对我这些年的工作与生活，是大有裨益的。我不知道今天的大学里还有没有这样的做法。

读到一篇文章说，美国北卡罗来纳大学跟其他很多大学一样，为新生制定一项阅读计划，指定读物并组织讨论。其目的是使新生尽快融入大学的学习环境。这样，书目的使命被落实了。现在想来，我在大学里之所以没有读完书目里列出的那些书，除了不自觉外，恐怕与缺少制度有关。思想懒惰的我，是需要制度来制约的。

纸质的书籍读起来是别有兴味的。一本装帧精美内容丰富的书，犹如心仪的玩物，可以阅读，可以把玩。尤其有着美丽插图的书籍，一边读文字，一边欣赏插图，那是一种享受。有时，看过一段文字，再看看插图；看看插图，再细细品味那段文字，更会引发诸多想象。画家戴敦邦先生为《红楼梦》所作的插图，让书中那些少男少女们活了起来。偶尔翻到《红楼梦》的一页插图，常常会让你情不自禁地要读一读有关的段落。再说，书有书香。那样的香，轻轻的、隐隐的、淡淡的，绝不张扬，绝不媚俗。

读初中时，我曾经看过一本带有插图的小说《战争与和平》。插图的创作者是苏联画家施玛利诺夫。他因这套插画而获得国家奖金。

我把这些插图拿给我的美术老师看，他给我讲了这套插图诞生的趣闻：起初，画家施玛利诺夫为《战争与和平》画了一套精美插图。无论是人物造型、画面构图还是整体构思，精细、工整，几乎是无可挑剔的。画稿送到评委会，人们一片赞扬声。忽然有个专家提出，这套插图是不是过于工整了。不少人不以为然，画家却陷入沉思，经过反复思索，他认为这个意见是中肯的。于是，在原有基础上进行了大胆修改。最后拿出的画稿，既有原先的优点，又有着绘画的灵气，即所说的"绘画性"。在这些插图里，画家用笔洒脱、奔放，摈弃了匠气，彰显出大师的气概，终于获得了最高奖。

从此，我对文学作品的插图倍感兴趣，买书，先看看插图。尤其知道，画家施玛利诺夫为很多世界名著作过精美插图。

年长几岁，知识多了一些，了解到这位画家创作之严谨，令人赞叹。

画家施玛利诺夫在回顾为《战争与和平》创作插图时写道："为托尔斯泰这部小说作插图，我曾到过博罗季诺原野（俄军打败拿破仑军队的地方），在那里整整待了一天，描绘了具有历史意义的地方。博罗季诺原野在 1812 年是一片辽阔的旷野，现在大部分地方已经树木丛生。不过，从戈尔基村的山丘还可以观察它的全景。"

有位画家的朋友，写到施玛利诺夫的工作状态时说："在施玛利诺夫的工作室里，呈现在我面前的是这位画家一片出人意料的景象：

整个墙壁上,分成两三排挂满了他未来作品的草图。这些草图用木炭以流畅、大胆的笔法作成,显然,画家在画纸上寻求人物、物品以及色调笔触的一般轮廓的初步布局……这些草图挂在墙上并非为了欣赏之用,这里似乎是画家的一所创作实验室。"

十九世纪初叶的欧洲,拿破仑和库图佐夫都是赫赫有名的人物,他们的成功与失败,谱写了历史教科书里振聋发聩的篇章。然而,浪淘尽千古风流人物,多少伟人,终被雨打风吹去,都消匿于时间的尘埃之中,正像那片博罗季诺的原野。

由一套插图,让我得到不少知识,这真是奇妙的事。我很感谢这位老师,让我知道,绘画既要精道,又不能过于求"工"。不然会流于匠气,失却大家风度。

我国古代文人说:"浓丽之极而反若平淡,琢磨之极而更似天然。"

狄德罗说:"艺术就是在平凡中找到不平凡的东西,在不平凡中找到平凡的东西。"

不读纸质书,大约是不会遇到这种机缘的。

读书与旅游

中学时代,老师反复跟我们说,行万里路,读万卷书。到了大学,老师又一再这么说。

心里想,陈词滥调有什么多说的呢。再说,读书为什么一定要跟行路挂钩?

后来,读书无用论大行其道,书不用读,当然用不着行路了。

现在总算知道,行万里路,读万卷书,是人生重要一课。

出国旅游或者在国内到处溜达,皆是开阔视野、增长见识的妙招。

出国之前,必须要做"功课",看相关资料,做"攻略",到了外面把准备的功课与现实对照,死的知识,变成了活知识。多出去几次,开阔了眼界,体味了人生,多少知道了世界原来是这样的。知道得多了,不怕别人忽悠,尤其,不怕那些顶着专家头衔的人的忽悠。

前些年,一些自诩专家的、也许拿了别人好处的人,硬说,我们本土人买房,应当与外籍人士一视同仁。因为人家外国都是这样做的。结果我们这样做了。于是大量的拿着高于我们工资几倍甚至几十倍的非本土的人们,蜂拥进入我们的房产市场。那时候,在他们看来,我们的房价,几乎等于白菜价。于是,写信回去说,"这里钱多,人傻,快来。"结果,没有经过几年,我们的房价扶摇直上,拿本土工资的同胞们只好做房奴。

前几年去了德国,德籍导游说,在德国买房,本国人可以与外籍人同样待遇,只是,这个外国人必须要在当地工作多少年,纳多少年的税,才能获得这样的一视同仁的待遇。我这才明白,我们善良的买房人是出了不少冤枉钱的。十几年前,有人大吹大擂说什么美国的深海鱼油是如何了得,尤其是老年人常吃会有怎样的好处,可以延年益寿。可是到了美国,问一些朋友,人家对深海鱼油只是一笑了之。有人模棱两可地说,也许有一点好处吧,有的根本不知道深海鱼油这档子事。

被忽悠了,被卖鱼油的与为其"撬边"的人忽悠了。

这些零零星星的信息在正规媒体上几乎看不到,只有你亲自去看看才知道实情。

我曾经和朋友开玩笑说,读书是用别人的思想充实自己的头脑,旅游是掏自己的腰包看别人的风景,旅游是大大地吃亏了。

当然这只是玩笑。

旅途中"用钱买来的"知识、见识、经验体会,甚至经历的惊险与挫折,都是人生宝贵财富,令你终生难忘。

一位朋友的女儿,平时少言寡语,却喜欢旅游。每次旅游回来,会写一些游记,长此以往,居然成了"旅游大咖"。谈到旅游的种种,如数家珍,滔滔不绝。还有一位久居海外的朋友,喜欢航海,他把航海遇到的种种经历以及各种冒险故事,记录下来,汇集成册,成了畅销书。还有两位作家,带着《九三年》《双城记》等世界名著,去探访巴黎，亲赴法国大革命的"革命现场"，从而对这场革命有了深入了解。

旅游，是行走着的读书，只是，你要先有筹备，做好攻略。

曾经，徘徊在欧洲的小镇，那弯曲优雅的街道，那古色古香的小商店，那些美美的橱窗，让我流连忘返。我惊异于这些小镇为什么会如此美丽，我惊异于那每家每户的小窗台上布置的鲜花。从而，我知道，生活在那里的人们，有怎样的满足，有怎样安定的心。

他们会裹着全部家当，带着财富和技能，溜出国门吗？他们会让自己的子女用本国纳税人的钱，完成基础教育后，不付任何代价，远渡重洋，弄个什么国籍，到那里去做贡献吗？

窗台上的小花，告诉了我答案。

我在书本里，看到十八、十九世纪欧洲的街道是那么肮脏，牲口走过街头，留下粪便，居民把脏水乱泼，弄得满大街臭气冲天。以至于瘟疫流行，夺去千百万人的生命。

依旧是那些古老的石头路面，依旧是历尽沧桑如同耄耋老人的建筑，今天，它们却洁净优雅地迎接着远方游客。

曾经在电影里看到各式各样的欧洲宫廷舞会。彬彬有礼的达官贵人，华丽的服饰，富丽堂皇的建筑，那场景多么吸引人。可是，我在宫廷里参观时，导游告诉我，当时的舞会上，虽然光彩夺目，但是臭气冲天。因为，宫廷里，是没有厕所的。贵人们情急之下，只能"优雅地"做些出格动作，以解燃眉之急。

这样的知识，我在书本里是看不到的。

今昔对比，我理解了发达国家是怎样成长起来的。从蒙昧走向文明，有着怎样一段漫长路程。

尊重生命

上世纪五十年代,最热门的一本书是苏联作家奥斯特洛夫斯基的《钢铁是怎样炼成的》。其中有一段话,谈到生命的价值。他说:"人最宝贵的是生命,生命对人来说只有一次。人的一生是应该这样度过的:当他回首往事的时候,不因虚度年华而悔恨,也不因为碌碌无为而羞愧。"

《钢铁是怎样炼成的》一书,有两个叮当响的字,那就是:生命。尊重生命。

对于生命的尊重,一是对于他人生命的尊重,二是对于自己生命的尊重。

有一次乘出租车,我与司机聊天,说起一些开助动车的不守交通规则。那位司机对此恨得牙根疼。他说,我们开出租车的,最恨这些人。他们不仅闯红灯,还会猛然从小弄堂里蹿出,让你防不胜防,要是撞到这种人,我们算是触了霉头。我问,要是真的撞上怎么办?他说出一句让我震惊的话。他说,真的撞上,宁可把他撞死,也不能撞伤。撞死,不过进去蹲几年,赔个几万;撞伤,就是无底洞了。

听到这里，我震惊了：一个人的生命，在另外一个人的眼里，竟然是这样的被轻视。这位司机可能只是说说而已，现实生活里，真的有这种情况。电视里不止一次做过这样的报道。

有个极端的例子：一个年轻男子，为了在"抖音"网站上，挑战高难度，不惜拿自己两岁的女儿做试验，制作与孩子互动翻跟头的视频。结果，把自己的女儿摔成残废。在这个可恶的父亲看来，女儿就是自己的财产，而不是鲜活的生命。

珍惜生命，对自己生命的尊重，似乎是人类与生俱来的天性。但是，当一个人遇到挫折，万念俱灰之时，是不是还是这样呢？最突出的例子是日韩明星的轻生。近年，我们不少年轻人，也许受到这些明星的影响，动不动也会自杀，考试不理想，想到自杀，考不上大学，也会去寻不归路。

蔡元培先生在《中国人的修养》一书中提到，决定孩子一生的不是学习成绩，而是人格的修养。培养人格修养的首条就是教育孩子对生命的认知，对生命的尊重。告诉孩子在他的生命历程中，要勇于面对困难，勇于面对挫败。不懂得保护自己，自然不会去保护他人。

是的，人生是一条大河，有时静静流淌，有时波涛汹涌。一位在汶川大地震中失去双脚的女孩，因为热爱她的舞蹈事业，克服重重困难，终于重新走上舞台。企业家王石，以近五十岁的年龄，登上珠穆朗玛峰。他们以人们难以想象的毅力与决心，谱写出生命的赞歌。

孔雀翎

有位朋友从西藏拍片归来,送给我三支孔雀翎。我简直要欢呼了——这真应了"千里送鹅毛,礼轻情意重"那句话。

大自然是位最有才华的艺术家,竟然把孔雀翎"设计"得那样美轮美奂。孔雀开屏时,自不必说,就是一支支单个的翎毛,也是那么美丽迷人。那挺拔的白梗,那排列齐整的绒毛,绒毛上那一轮轮色彩微妙、层次渐变的羽片,真是奇美之极、妙不可言。

记得十几年前,一位朋友在布置新房时,小心翼翼地从箱底拿出几支孔雀翎。翎毛用棉纸包着,外面又罩着塑料薄膜,被平整地放在箱底。朋友说,已经放了好几年,就等着布置新房时"请"出来。当时,真想找他讨两支,犹豫半天,还是没好意思开口。

不久,我在一幅水彩画上又看到孔雀翎。画面上,一束洁白鲜花插在淡雅的玻璃瓶里,旁边衬着一只古色古香的瓦罐,罐里插着一束孔雀翎。我惊异于画家构思之巧妙:以瓦罐的重色,衬托花的洁白;用孔雀翎毛的华美反衬花瓶的玲珑剔透。特别是画家在刻画孔雀翎时,用笔洒脱,笔触灵动,画得神采飞扬。可见画家是怎样钟爱那些翎毛。

孔雀翎在现实里是美丽的，搬上绘画作品，更有它独特之美。

对着那幅作品，我思忖良久。我想，如果是一位缺乏才华的画家，他会仔仔细细地描摹孔雀翎的一根根绒毛，细致入微地画出绒毛的颜色变化。可能，像极像极，如同一幅照片。但是，缺乏了"绘画性"，大约也就失去了孔雀翎的神韵。

那几支孔雀翎，我一直珍藏着，后来，几经辗转，两支被折损，渐渐在我心中失去了魅力。

或许，人是一种喜新厌旧的东西。

我不再精心保护它们，几经风吹日晒，绒毛渐渐变秃，消逝，原先那耀眼的颜色也被灰尘覆盖了。我真懊悔一次搬家的疏忽，懊悔丢失了那让我牵肠挂肚的心境。

又过了些时日，逛街时，偶见一小贩举着一大束孔雀翎沿街叫卖。那束足足有一二百根。小贩吆喝着："五块钱一根。五块钱一根咪，白送咪！"骤然，孔雀翎的身价，在我的心里，一落千丈。她的美似乎也大大打了折扣。

她的美丽是用金钱来衡量的吗？这灵动的，美妙的大自然杰作，竟然一下子成了商品！

我怅怅地买了几支。

归途，有位中年妇女问："先生，多少钱一支？"

我说："只五块钱。"

"五块？一支，还是……"

我恨恨地瞪了她一眼，她把后面半句话咽了回去。

她见我发着无名火，喃喃说："不贵……可，买它做啥呢？"

做啥？我茫然了。

的确，孔雀翎没有实际的用途。正像作家莫言发出的感慨：文学是没有用的。

然而，文学真的是没有用的吗？

我想到了德国诗人席勒的话：

> 审美的游戏就是形式的游戏，它异常的珍贵，让人得以从物质的束缚中脱身，从而可以在"美的崇高的自由王国"里自由的飞翔，显现出自己的非动物的持存的一面，所以只有游戏的时候人才是真正的人。

我久久看着那几支孔雀翎。

是啊，孔雀啊，

    也许，你的翎毛太美丽

    才被人拔下

    做了商品

美，是人类追求的，美，却不应该被占有。

可是，我们往往没有这样的品性。

贪婪的人们，把虎皮铺在座椅下，表明自己是山大王；女士们穿着裘皮大衣，招摇过市，炫耀着自己；北欧的"绅士"把鹿头割下来，挂在墙头。

向大自然过分索取，是会受到报应的。

读《美育小札》

有本书，我反复看过三遍，这在我的阅读经验中，未曾有过。不仅是说，这本书如何引人入胜，或是情节跌宕，而是她对我很有益处。

这本书，名《美育小札》。

"札"虽小，说的事情却"兹事体大"。

美育，不少人并不熟悉，包括我自己。有人误认为美育大约就是艺术教育吧。教教绘画，欣赏一下交响乐，看看雕塑，品品诗歌，如此而已。其实不然，美育是教我们如何做人的学问。简言之，美育是艺术加教养的学问。艺术仅是载体之一。

教育家蔡元培先生，早在一个世纪前，就介绍美育、推崇美育，期望用美育提升我们中华民族的整体素质。但是，战乱、日寇入侵、民国腐败、"十年动乱"等等，我们把这件大事耽搁了，蔡元培老师的理想没能实现。

幸亏，这两年，从中央决策层开始考虑这件事，把美育教育提到顶层设计的层面。

国家幸甚。

民族幸甚。

提倡美育是我们民族复兴的重要举措之一。在我们经济高速发展的同时，我们忘了些什么，忽略了些什么，有些脚步滞后了。其中就有美育这堂课。

《美育小札》力图从一个个小故事入手，跟我们说说美育这件事。

这本书，讲了些什么呢？让我们看看著名作曲家陈钢先生为此书作序的一段话："'美育'二字是蔡元培先生1912年从德国带回来的。虽然这个词已经在中国存在了一百多年，可蔡先生当年所倡导的'美育救国'的理念以及对于美的普遍性、自由性和超越性的经典解读，今天却似乎离我们的现实生活越来越远了……由此可见美之稀缺、美之失落、美之被漠视和被遗弃。当然，这也同时反证了我们对美的渴求。此刻，我不禁想起了吴冠中先生的那句警言——'美盲比文盲更多'……这本《美育小札》，既是王圣民多年教学生涯的精粹，也是她的那群如今散布于世界各地的学生们的深情回馈。他们在美的花朵下，共同结出了丰厚的美的硕果。"

是的，名花大都是由人们发现、见识、培育而成。美丽的无名小花，长在路边虽然是自由的，但是，名花佳树，置于高堂，对人们更为有益。美育如花，在中华大地上，是渐渐被发现、被重视的花朵。我们重新找回这束花朵，应引为幸事。

《美育小札》和万千这样的文章，帮我们忆起了这朵花，帮我们重新品赏这朵花，用她装扮人们的生活，用她净化人们的心灵。

美育的普及，让我们更有尊严、更有品位、更有自信、更能挺直腰板，立于世界民族之林。

比如，一个人做了好事，反被诬陷，那么，请看看书中的《送你一株小草》。

比如，有人在国外旅游时行为不端，遭他人侧目，那就请看看《最美的风景是人》。

比如，近年来人们对影视作品中那些"娘炮"的搔首弄姿极为"感冒"，我们应该劝劝他们去看看书中那篇《男儿当唱大风歌》。

读者于书中慢慢体会，轻轻品评，当会有着意外收获。一篇篇小文，让我们见识怎样做文明人。

一个细雨霏霏的秋日上午，我坐在小镇石桥之畔。茶桌上一杯清茶，我拿起《美育小札》，随手翻开一节，轻松地读了几行，不忍释手，不觉连续读到了中午，偶尔，瞥一眼小河上漂过的小舟，忽然感到，这本书，虽然多是叙述文字，却极富文采，每一篇都是精美散文。《遇见娜塔莎》《打电话的少女》《雪啊，还在下》《明月装饰了你的窗子》等篇，有故事，有抒情，有韵味，有诗意。

原来，写美，就应该有诗一样的文字。

说到作者王圣民为什么对美育如此痴迷，为什么把传播美育视为毕生努力的目标，她说，诚如陈钢老师所说，美是孤独的，美是感性的。美是一种无以言说的情感。一次，她看到一首诗，诗人对着十几岁的女孩，想要流泪。

为什么？

美丽女孩啊，犹如一现的昙花。

她悟道，这是诗人对美之瞬间即逝感到不忍，感到惋惜。

上个世纪八十年代，她偶然看到一份来自联合国教科文组织的调查报告，报告认为，世界各地人民对于中国留学生的普遍印象是：

用功、勤奋,但大多数缺乏艺术与人文修养。

于是她觉得,对我们的青年做一些美育教育,极为迫切。这是一个有良知的老师不可推卸的职责。

于是,作者由探寻美,继而到探寻美育。

2009年,上海世博会开幕前一年,她在政协上提出,我们世博会的硬件准备可以加班完成,但是我们的软件,即上海人民素质的提高,绝不是一蹴而就的。于是,她在各大媒体上开展了各种讲座、评比,想方设法,让人们适应世博会的人文环境,取得了很好效果。从此,她知道了,我们这片土地,还是适合美育这支花朵生长的。

可以说,这本《美育小札》是作者这些活动的一个小结。

美育,在五六年前即进入上海"克勒门"的视野。克勒门是陈钢等几位艺术家,借贵都大酒店聚集名家和文艺爱好者的宝地。在这里,谈文学创作,说京剧精髓,看旗袍之美艳,论绘画之色彩,弹管弦之佳音,旨在提升上海文化的品位。克勒门的掌门人亦把美育作为重要活动之一,几次举办有关美育的聚会,并联手三联书店,出版了这本《美育小札》。

就这个意义上说,这本书是作者与推崇美育同仁们共同努力的结晶。

图书在版编目(CIP)数据

南来北往 / 东进生著 . —上海:文汇出版社,
2020.9
ISBN 978-7-5496-3247-3

Ⅰ.①南… Ⅱ.①东… Ⅲ.①散文集–中国–当代
Ⅳ.①I267

中国版本图书馆CIP数据核字(2020)第130814号

南来北往

著　　者　东进生
责任编辑　徐曙蕾
装帧设计　董红红

出版发行　文汇出版社
　　　　　上海市威海路755号
　　　　　(邮政编码200041)

照　　排　南京理工出版信息技术有限公司
印刷装订　上海颛辉印刷厂
版　　次　2020年9月第1版
印　　次　2020年9月第1次印刷
开　　本　890×1240　1/32
字　　数　180千
印　　张　8.5

ISBN 978-7-5496-3247-3
定　　价　39.00元